Integración de la calculadora TI-Nspire en la enseñanza de matemáticas

Dr. Jaime W. Abreu Ramos & Dra. Wanda Villafañe Cepeda

Abreu Ramos, Jaime W.
Villafañe Cepeda, Wanda
Integración de la calculadora TI-Nspire en la enseñanza de matemática
ISBN: 978-0615916729

© Copyright, Jaime W. Abreu Ramos & Wanda Villafañe Cepeda, 2013
Todos los derechos reservados. Ninguna porción de este libro podrá ser reproducida, almacenada en algún sistema de recuperación, o transmitida en cualquier forma o por cualquier medio sin la autorización previa por escrito de los titulares de derecho de autor.

Artista gráfico: Prof. Camilo Carrión Zayas

Los autores están disponibles para conferencias, seminarios y talleres
Para contrataciones, por favor comuníquese al:
787-447-2942
Correo electrónico: emiaj12345@yahoo.com - wvillac@gmail.com

Tabla de Contenido

Dedicatoria 5

Introducción: 6

Capítulo 1: Aspectos Básicos 8

Capítulo 2: Actividades en las que se integra el uso de la calculadora gráfica en la enseñanza de matemáticas 32

    Actividad 1: Solución de ecuaciones usando la TI-Nspire 32

    Actividad 2: Solución de desigualdades usando la TI-Nspire 43

    Actividad 3: Investigar el concepto de probabilidad analizando datos de simulaciones 52

    Actividad 4: Maximizar área investigando un problema en contexto 70

    Actividad 5: Investigando el concepto de proporcionalidad en triángulos 88

Sobre los autores 98

    Dr. Jaime W. Abreu Ramos 98

    Dra. Wanda Villafañe Cepeda 99

Referencias 100

Integración de la calculadora TI-Nspire en la enseñanza de matemática

*"yo escucho y olvido, yo veo y recuerdo, **yo hago y aprendo**"*

Proverbio Chino

Dedicatoria

Este libro se dedica a aquellos maestros de matemáticas de Puerto Rico que tienen el compromiso de incorporar la tecnología en su sala de clases para mejorar el aprendizaje de los estudiantes. El tiempo actual es uno de grandes retos para los procesos de enseñanza-aprendizaje de las matemáticas, en particular para los maestros del nivel intermedio y superior. Las acciones dirigidas a reformar el área de las matemáticas están contenidas en informes que reclaman modificaciones y cambios en el currículo, en la enseñanza, en el "assessment" de los estudiantes y el ambiente de aprendizaje del salón de clases. Estas acciones están enmarcadas en las necesidades cambiantes de la humanidad. Igualmente, en las investigaciones sobre la enseñanza y el aprendizaje, con énfasis en cómo aprender y en un incremento de la tecnología para lograr una mejor preparación en los estudiantes. El uso de la tecnología que se transfiera a la sala de clases, debe contener la estrategia de enseñanza contextualizada, con un enfoque en la solución de problemas. El fin de la estrategia anterior, debe ser propiciar en el estudiante los procesos de pensar, razonar, comunicar, aplicar y valorar.

Introducción:

Este escrito es el resultado de actividades que fomentan el dominio de destrezas de razonamiento matemático, solución de problemas y el uso de la tecnología como herramienta para analizar información.

Presentamos aspectos para ayudar al lector a entender y poder integrar la calculadora gráfica TI-Nspire (este producto es una marca registrada de la compañía Texas Instruments) en la enseñanza de matemáticas.

En particular, el manual está organizado de la siguiente forma:

- Aspectos básicos para operar la calculadora.

- Actividades en las cuales se integra la calculadora gráfica. Estas incluyen diversos temas, los cuales responden a los estándares de contenido del Programa de Matemáticas del Departamento de Educación de Puerto Rico y del Concilio Nacional de Maestros de Matemáticas (NCTM, por sus siglas en inglés).

Al final del manual, se mencionan las diversas referencias consultadas para la realización del mismo. Es importante resaltar el hecho de que en las calculadoras gráficas se puede hacer el mismo proceso de varias formas, en este manual explicaremos algunas de las opciones para realizar los métodos, es decir, algunos de los procesos aquí explicados tienen otra forma de llevarlos a cabo.

A lo largo del documento, se incluyen diagramas de la calculadora para ayudar al lector a identificar las teclas a las que se hace referencia en las explicaciones. De igual forma, se incluyen las distintas pantallas de esta, de modo que le sirva de guía al lector para asegurarse que los pasos que realiza con la calculadora según completa el proceso, están correctos. Es importante señalar que dependiendo del modelo de la calculadora y su sistema operativo, es posible que varíen el orden en que aparecen los comandos en los distintos menús.

Por otro lado, algunas de las ventajas que tiene el integrar la calculadora gráfica en el desarrollo de conceptos matemáticos que facilitan el aprendizaje son las siguientes: hacer énfasis en la solución de problemas, el análisis y el razonamiento, en lugar de los cómputos tediosos que ocupan un tiempo valioso.

La podemos usar desde el curso de pre – álgebra, hasta el nivel universitario. La calculadora gráfica provee para que los estudiantes sean ingeniosos, usen su creatividad y desarrollen interés por las matemáticas.

Es importante resaltar el hecho que el uso de estas tecnologías debe fomentar el **análisis y razonamiento de los conceptos matemáticos**, esto es, no debe quedarse en solo "apretar teclas", ya que este no es el enfoque apropiado de estas herramientas.

Antes de la llegada de las computadoras y calculadoras gráficas a las escuelas, la enseñanza de matemáticas estaba representada por una colección de actividades a papel y lápiz que solo enfatizaba el desarrollo de destrezas de memorización de algoritmos. Los estudiantes aprendían a efectuar una serie de pasos y recordaban ciertas fórmulas, y de esta forma completaban cursos de álgebra, geometría, estadística y probabilidad. Sin embargo, difícilmente los estudiantes estaban expuestos a experiencias de aprendizaje que establecieran un hilo conductor entre las mencionadas disciplinas. Actualmente, Texas Instruments ha dado un paso gigantesco al proporcionar un ambiente que fomente el aprendizaje de las matemáticas en escenarios interactivos. El programado que ofrece la nueva calculadora gráfica TI-Nspire, promueve las múltiples representaciones de un mismo concepto matemático mediante la integración de sus aplicaciones de calculadora, gráficas, geometría, análisis de datos, estadísticas y hojas de cálculo. Este maravilloso y novedoso ambiente de enseñanza aprendizaje interactivo está cambiando la manera en que se explora y se investiga en el salón de clases de matemáticas. No obstante, esta innovación viene con un precio. El maestro que desee incorporar estas herramientas debe conocer el funcionamiento de las calculadoras, los comandos y la operación de las pantallas.

El manual que presentamos es una aportación para que los maestros de matemáticas dirijan su enseñanza a ambientes de aprendizaje que fomenten la participación interactiva de los estudiantes en la sala de clases. Este material es el producto de años de experiencia docente en los que se ha llevado a cabo y se ha depurado el uso de la calculadora para fomentar el aprendizaje activo y el entendimiento profundo del significado de los conceptos matemáticos.

Capítulo 1: Aspectos Básicos

Notas preliminares

- Nos referimos a las teclas de la calculadora usando el vocabulario de filas y columnas. Este particular relaciona al estudiante con el vocabulario utilizado cuando se trabaja con matrices en matemáticas.

- En cada una de las opciones de la calculadora, puede acceder a la tecla **menu** (tercera fila, segunda columna), la cual incluye MUCHAS opciones que puede realizar. NOTA: Escribimos la palabra **menu** sin acento, ya que de esta forma aparece en la calculadora (la cual está en inglés).

- Para acceder a las opciones que están escritas en azul, oprima primero la tecla ctrl y luego la tecla que aplique. También la tecla ctrl le sirve como "shortcut" en combinación con otras teclas, las cuales explicaremos más adelante. Las dos teclas mencionadas anteriormente se muestra en la figura que aparece a continuación:

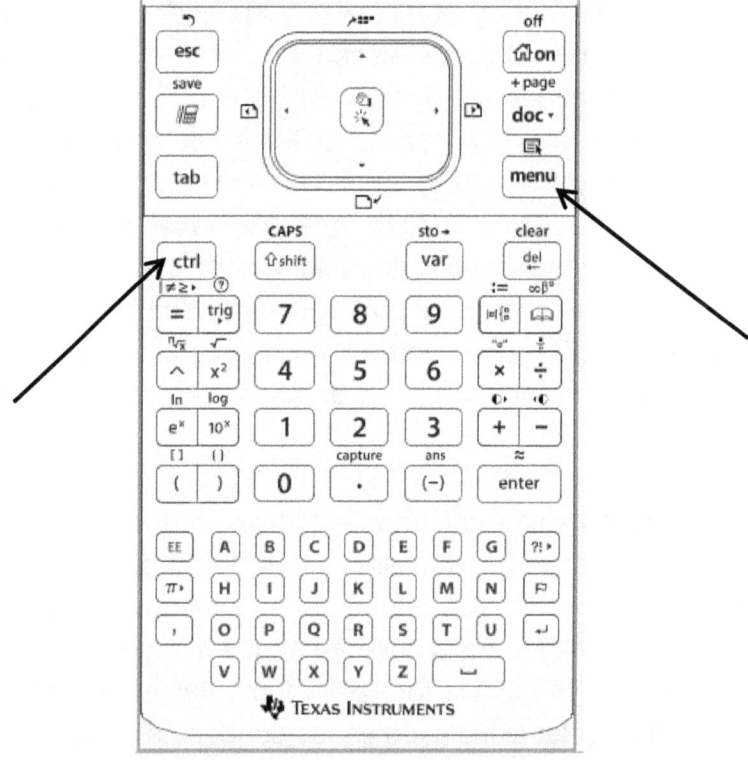

Integración de la calculadora TI-Nspire en la enseñanza de matemática

- Comencemos: Encienda la calculadora oprimiendo el botón que está en la primera fila, segunda columna, tiene una "casita" y dice on.

- Para apagarla, oprima ctrl on, de esta forma accederá a off. Esto es, oprima la tecla que se ilustra en la figura siguiente:

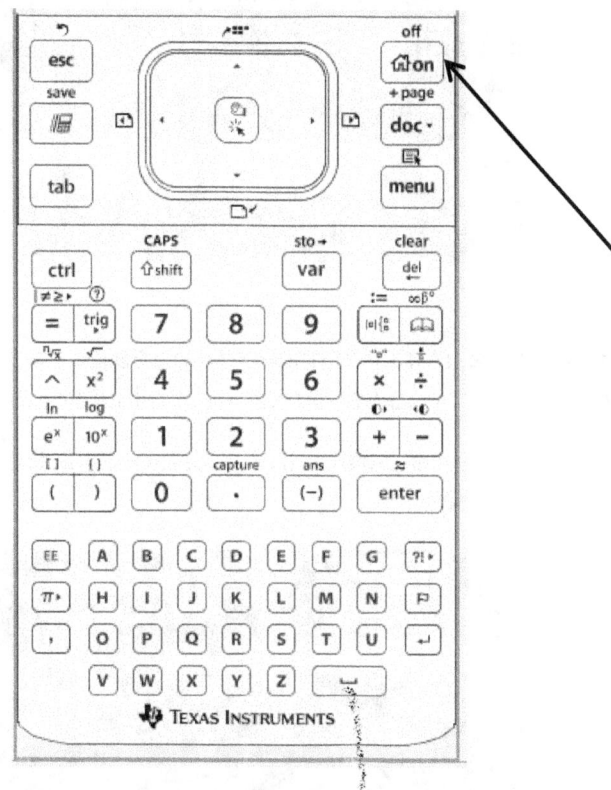

- Al encender la calculadora, accederá a la pantalla principal de ésta. La misma se divide en tres regiones:
    A. Región: "**Scratchpad**"
    B. Región: "**Documents**"
    C. Región de aplicaciones (íconos)
        1. Para moverse por cada una de estas regiones lo puede hacer con las 4 "flechas" que están en el cuadrado central de la calculadora o escribiendo la letra o número correspondiente.

Observe la figura que se muestra a continuación.

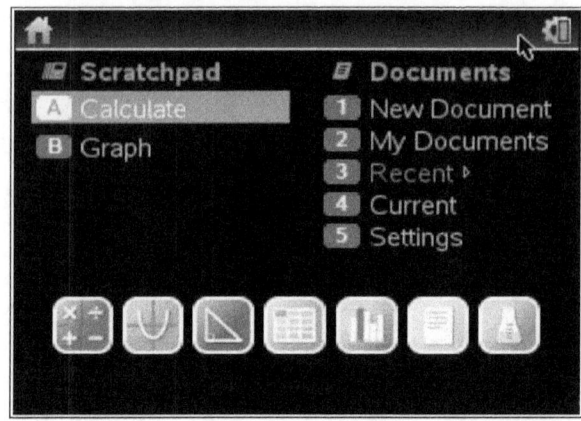

- **Nota importante**: Para prolongar la vida de las baterías, la calculadora está programada para apagarse luego de 3 minutos sin usarse.

- Puede modificar este parámetro, accediendo a **Documents**, seleccione la opción # 5: **Settings**.

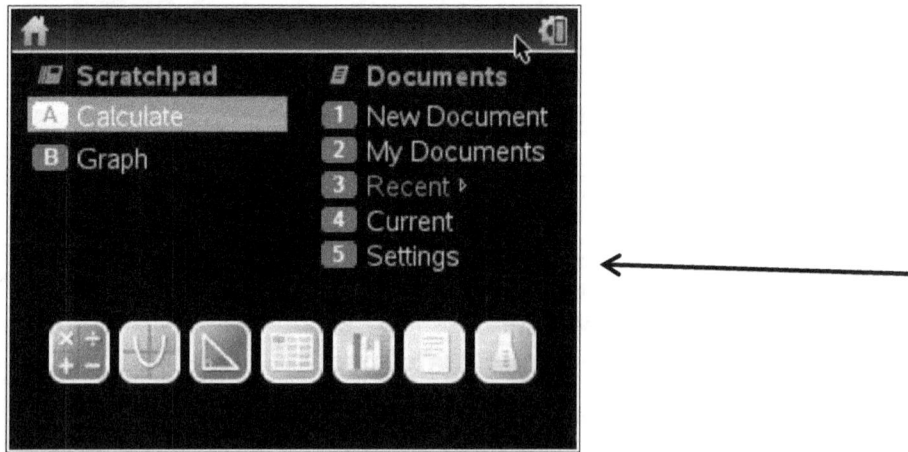

Integración de la calculadora TI-Nspire en la enseñanza de matemática

- Verá lo siguiente:

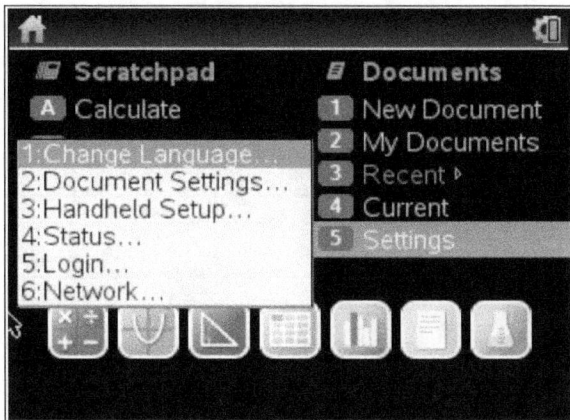

- Seleccione la opción # 3: **Handheld Setup**:

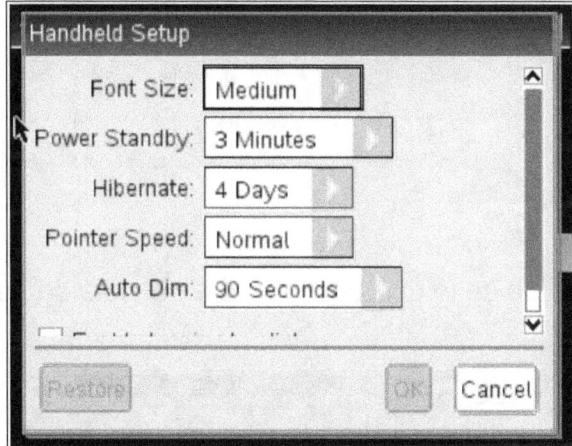

- Puede ajustar el tamaño de la letra, el tiempo que desea que permanezca encendida, entre otras cosas.
- Observe además, que en la opción **Settings**, puede también cambiar al idioma de su preferencia, seleccionando la opción # 1**: Change language**.
- Una tecla importante es la de catálogo (tiene el dibujo de un libro abierto), aquí encontrará en orden alfabético, las distintas opciones de la calculadora.
- Es necesario tener una pantalla abierta para poder ver las opciones del catálogo.

Integración de la calculadora TI-Nspire en la enseñanza de matemática

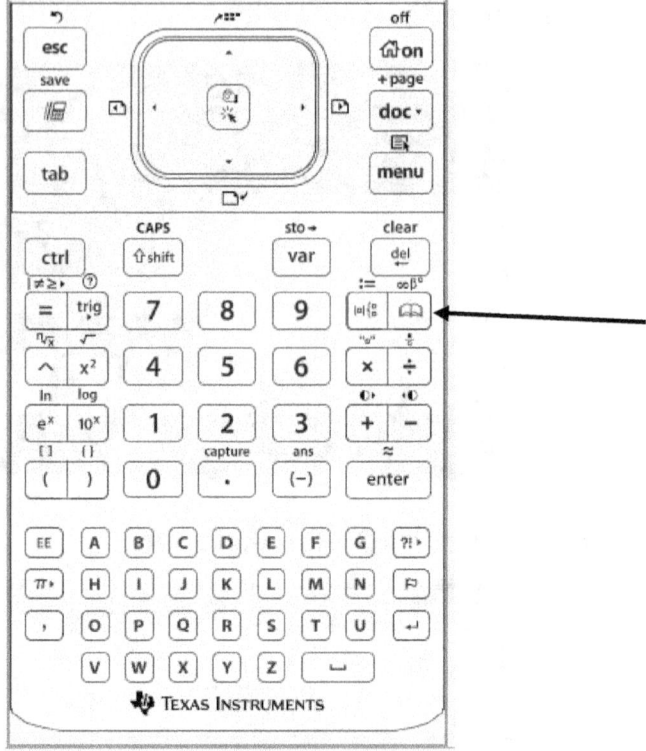

- Algunos ejemplos de lo que encontrará en el catálogo son los siguientes:

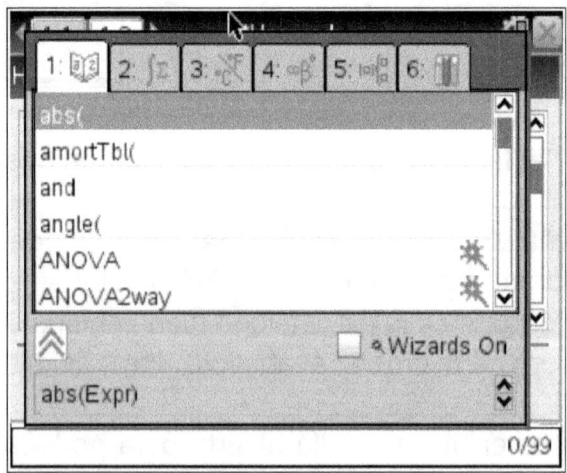

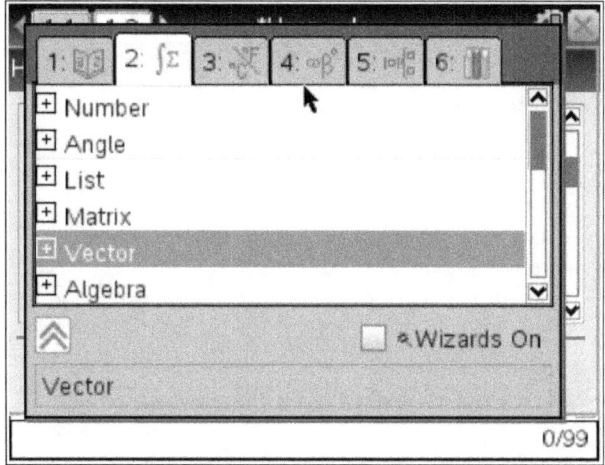

- Observe: En las figuras anteriores se observa que algunas opciones tienen un símbolo de suma (+) a la izquierda, esto indica que hay más opciones en cada una de ellas. Coteje....

- La calculadora tiene una opción en las que muestra ayudas, dependiendo del tema que esté trabajando.

- Oprima ctrl trig (accederá al signo de ?).

- A continuación se muestran dos ejemplos:

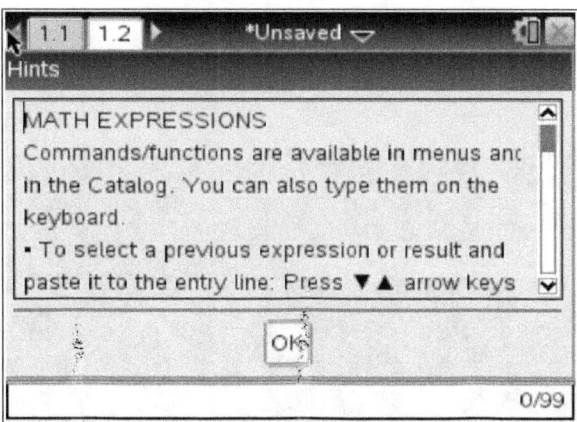

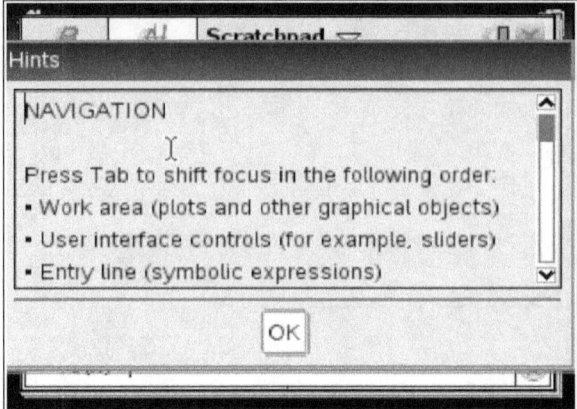

- Por otro lado, a continuación se presentará los aspectos básicos relacionados con una de las opciones que más se usa en la calculadora: **Scratchpad**.

Opción Scratchpad

- Esta región permite hacer cálculos rápidos y trazar gráficas fuera de los documentos. Es útil cuando se desea probar algo antes de usarlo en alguna de las aplicaciones.

- La región **Scratchpad** incluye dos opciones:

    A. **Calculate**

    B. **Graph**

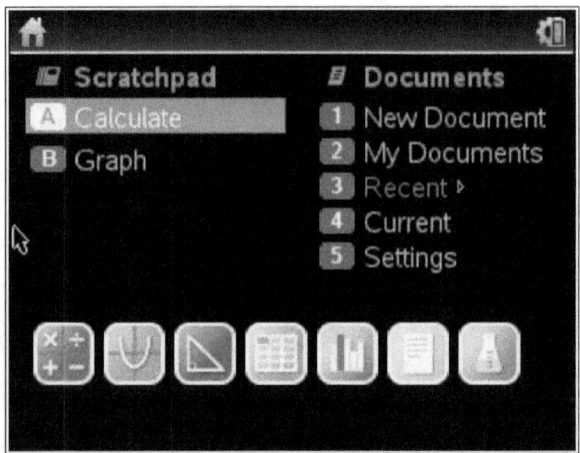

Integración de la calculadora TI-Nspire en la enseñanza de matemática

- Veamos cada una de ellas.
- Para acceder a la opción **Calculate**, puede hacerlo de dos formas:
    - Oprima la letra A en el teclado de la calculadora.
    - Active el "mouse", frotando el "touch pad" seleccione la opción **Calculate**, oprimiendo la región central de este.
- El **Scratchpad** solo tiene acceso a la modalidad de calculadora regular y a la región relacionada con el trazado de gráficas.
- Si está en la calculadora regular y desea ir a la región de gráficas, solo oprima el botón que está bajo la tecla "esc".

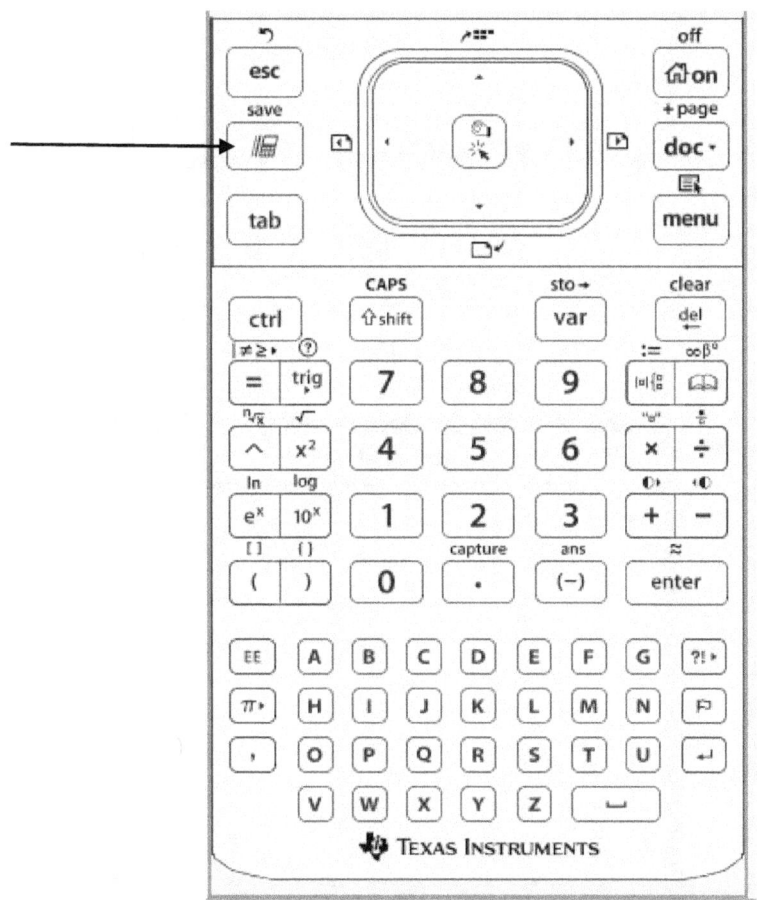

- Otra opción es seleccionar el ícono de gráfica que está al lado derecho de la calculadora, en la hoja de trabajo.

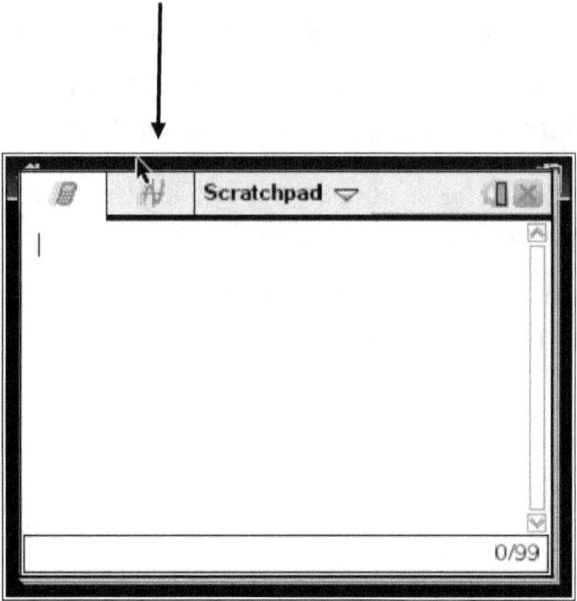

- Observe que en la parte inferior derecha de la siguiente figura, aparecen unos números, en este caso: 2/99.
- Esto indica que escribimos en la línea 2 de 99 que tenemos para escribir.

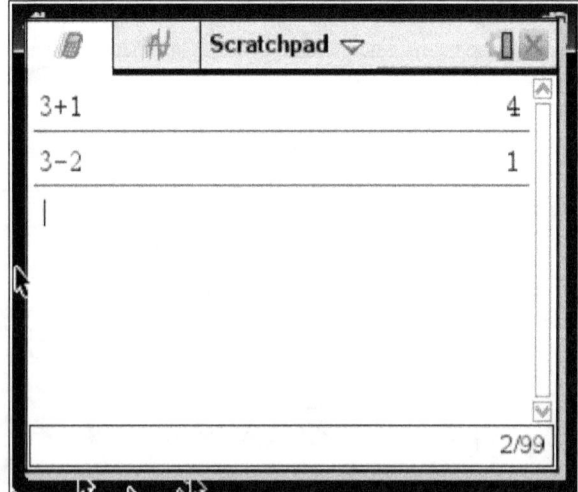

- Veamos algunos ejemplos de la calculadora regular.
    - Ejemplo 1: Sume: -7 + 3, oprima **enter**. Verá lo siguiente:

    - Ejemplo 2: Determine $\sqrt{27}$ y oprima **enter**. Verá lo siguiente:

- NOTA: El resultado anterior es el valor exacto de esta raíz. Podemos aproximar este, oprimiendo CTRL **ENTER**. Observe que tiene el símbolo de ≈. Al hacerlo, observará la siguiente pantalla:

- Veamos otros ejemplos que pueden ser resueltos desde la opción de calculadora regular:
    - Ejemplo 3: Sume $\frac{1}{2} + \frac{2}{3}$.

- **NOTA**: Para escribir la fracción, oprima ctrl y el signo de división. Luego de escribir la expresión, oprima **enter**, para obtener el resultado. Verá lo siguiente:

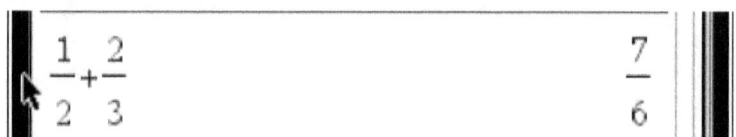

- Aproxime el resultado anterior oprimiendo ctrl **enter**. Obtendrá lo que se ilustra a continuación:

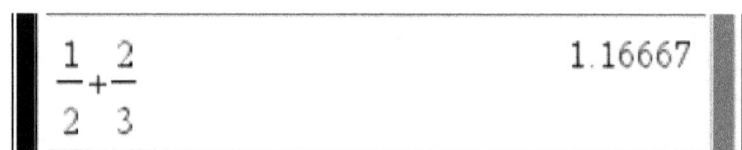

- Para volver a la fracción, oprima **enter** otra vez.
  - <u>Ejemplo 4</u>: Racionalice la expresión: $\frac{1}{\sqrt{2}}$.
- Verá la siguiente pantalla:

  - <u>Ejemplo 5</u>: Evalúe la expresión: $\sum_{n=3}^{7} n$.
- Seleccione la tecla que se muestra (quinta fila, sexta columna), para seleccionar la plantilla ("template"), donde se incluyen algunos símbolos matemáticos.

Integración de la calculadora TI-Nspire en la enseñanza de matemática

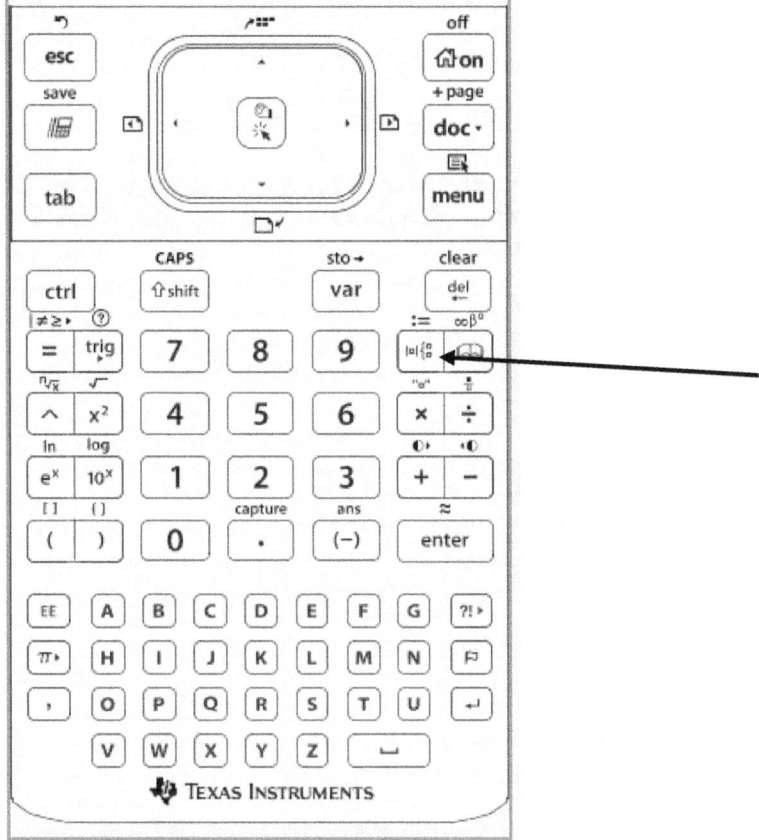

- Encontrará la siguiente pantalla:

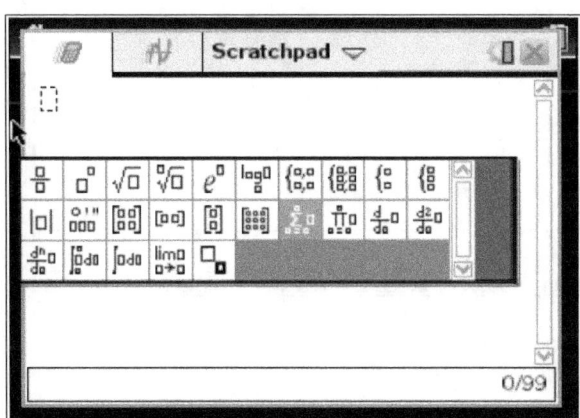

- Seleccione el símbolo de sumatoria y luego oprima **enter**. Escriba lo que deseamos buscar y oprima **enter**.

  Verá la siguiente pantalla con el resultado:

  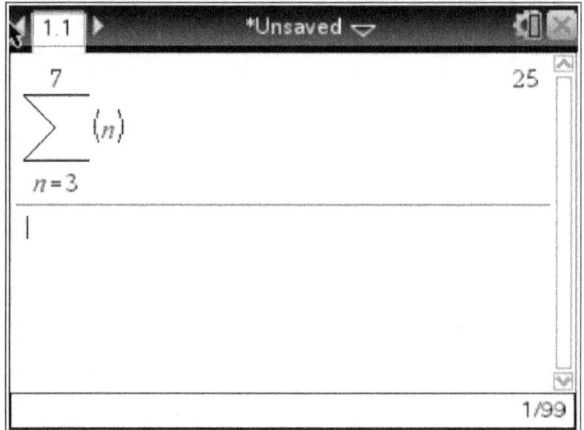

- Otra forma de acceder a este menú es oprimir la tecla ctrl menú, verá la siguiente pantalla:

  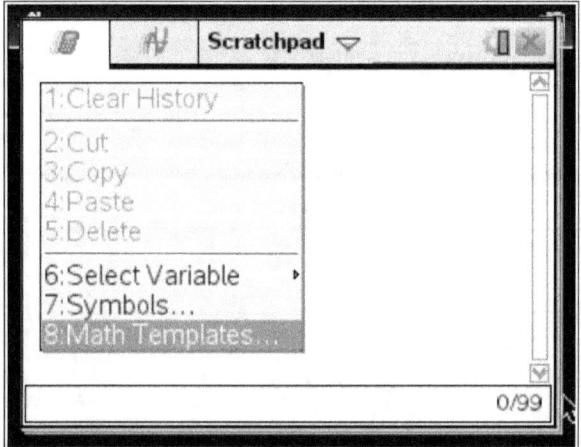

Integración de la calculadora TI-Nspire en la enseñanza de matemática

- Al seleccionar la opción 8: **Math Templates**, encontrará:

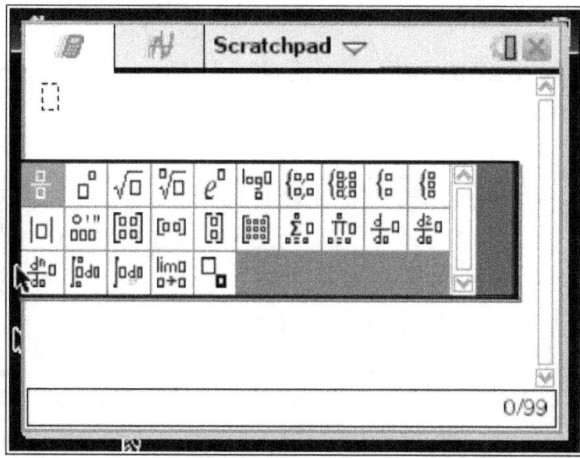

- Esta fue la pantalla que accedimos anteriormente.

Borrar el trabajo realizado

- Por otro lado, podemos borrar todo lo que tengamos en el **scratchpad**. Lo hacemos de la siguiente forma: oprima el botón doc (2nda fila, segunda columna) y seleccione la última opción B: **Clear Scratchpad**.

- Verá la pantalla que sigue:

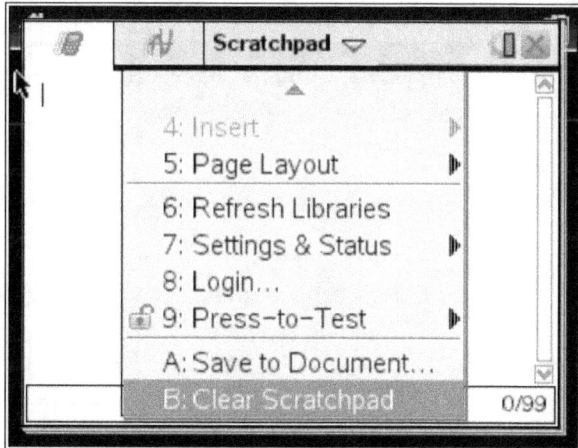

Integración de la calculadora TI-Nspire en la enseñanza de matemática

- También puede borrar todo lo realizado en un momento dado (en cualquiera de las aplicaciones), no obstante, permanece en memoria las variables y funciones definidas previamente.

- Oprima la tecla **menu**, seleccione #1: **Actions** y la opción 5: **Clear History**. Verá lo siguiente:

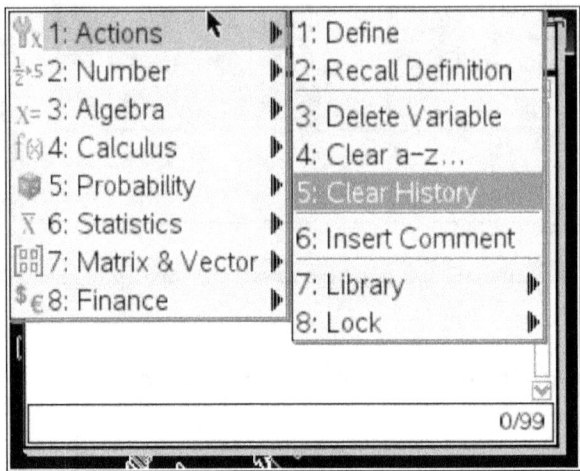

Guardar documentos

- Alternativa 1: Oprima **doc**. Verá la siguiente pantalla:

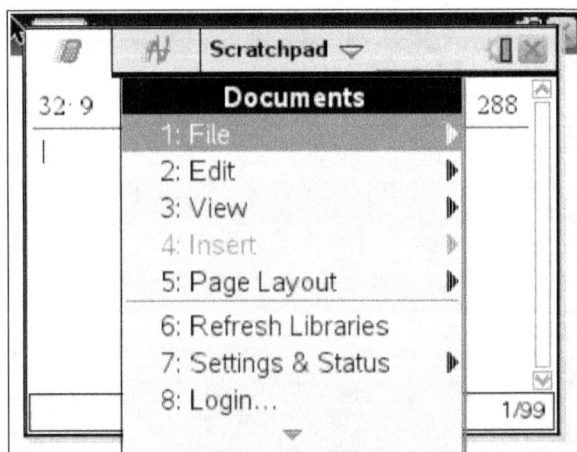

- En la opción 1: **File**, seleccione, **Save** o **Save as**…, según sea el caso. Verá lo siguiente:

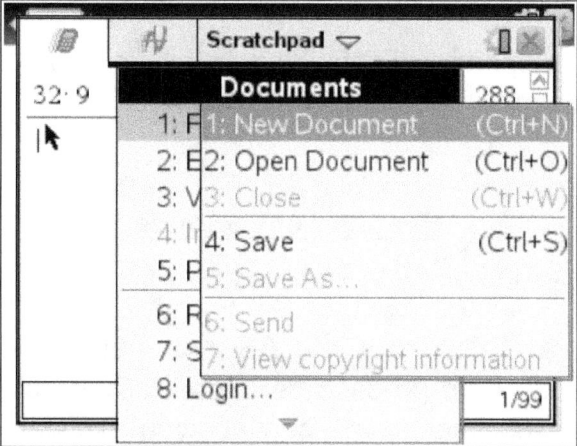

- <u>Alternativa 2</u>:

- Oprima ctrl y el símbolo de la calculadora, el cual está en la 2nda fila, 1ra columna. Verá la siguiente pantalla:

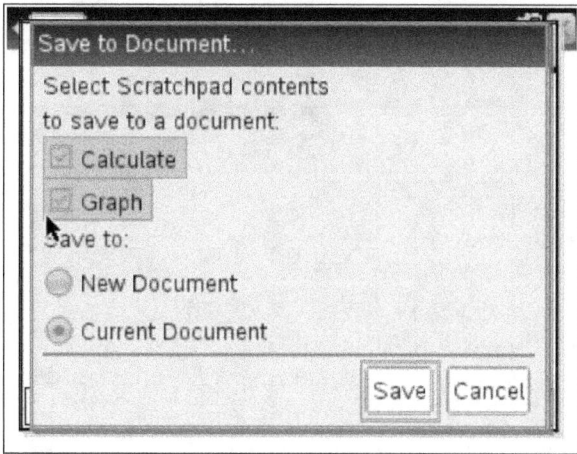

- Indique qué desea guardar del **scratchpad**: **Calculate** y/o graph. "Desactive" el que no aplique.

- Indique que lo guardará en un documento nuevo (**New Document**) o en el documento que tiene abierto (**Current Document**).

- Seleccione **Save**.

Integración de la calculadora TI-Nspire en la enseñanza de matemática

- **Nota importante**: Las dos opciones anteriores las puede usar para guardar documentos realizados en cualquiera de las aplicaciones. Si no está en el **scratchpad**, la ventana anterior se modificará.

- En particular, al oprimir ctrl seguido del símbolo de la calculadora, accederá a la opción: **Save As**. Esto es, es un "shortcut".

Resolver ecuaciones

- La calculadora TI-Nspire CX CAS nos permite resolver ecuaciones algebraicamente. Este proceso se puede utilizar solo si el modelo de la calculadora es el anterior. A continuación explicamos el proceso para realizarlo.

- Acceda a **Scratchpad**: opción "**Calculate**".

- Recuerde: Si usted tiene el modelo TI-Nspire CX o CX CAS, puede acceder a esta opción oprimiendo el botón que está debajo de la tecla esc.

- Oprima **menu** y seleccione la opción 3: **Algebra**. Verá lo siguiente:

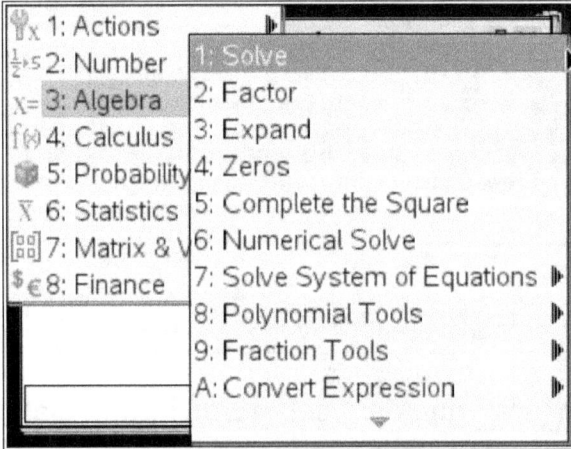

- Seleccione la opción # 1: **Solve**.

- Necesita escribir la ecuación: 3x – 5 = 10, luego coma y la variable para la cual desea la solución, en nuestro caso x.

- Oprima **enter** y obtendrá la solución. Verá la siguiente pantalla:

Integración de la calculadora TI-Nspire en la enseñanza de matemática

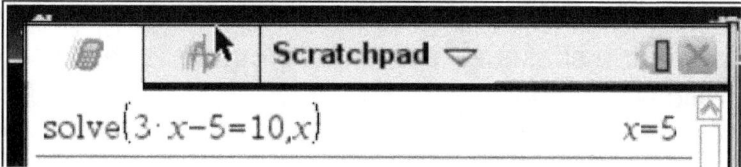

- Con esta opción también podemos resolver ecuaciones literales.
  - Ejemplo: Resolver la ecuación: 2L + 2A = 32, para L.
- Oprima **menu** y seleccione la opción 3: **Algebra** y seleccione la opción # 1: **Solve**.
- Escriba la ecuación, la variable para la cual desea la solución, en nuestro caso **L**. Luego oprima **enter**. Verá la pantalla siguiente:

$$\text{solve}(2\cdot l+2\cdot a=32, l) \qquad l=16-a$$

  - Ejemplo: Resolver la ecuación: $x^2 + 5x + 6 = 0$.
- Otra alternativa para acceder a la opción **solve**, es escribir la palabra usando el teclado de la calculadora.
- Obtendrá lo que se muestra a continuación.

$$\text{solve}(x^2+5\cdot x+6=0, x) \qquad x=-3 \text{ or } x=-2$$

  - Ejemplo: Resolver la ecuación: x(x+3) = 0.

NOTA IMPORTANTE: Cuando escriba la ecuación anterior, asegúrese de escribir el signo de multiplicación después de la primera **x** (o escribir en paréntesis ambos factores), sino la calculadora le dará error.

- Veamos ahora la opción **Graph**. Para acceder a ésta, puede hacerlo de dos formas:
  - Regrese a la pantalla principal (**HOME**), oprimiendo on. En **scratchpad**, seleccione la opción B: **GRAPH**.

- Recuerde que otra opción más corta es que oprima la tecla que está bajo **esc** o si está en el menú **Calculate**, seleccione la pestaña de gráficas.

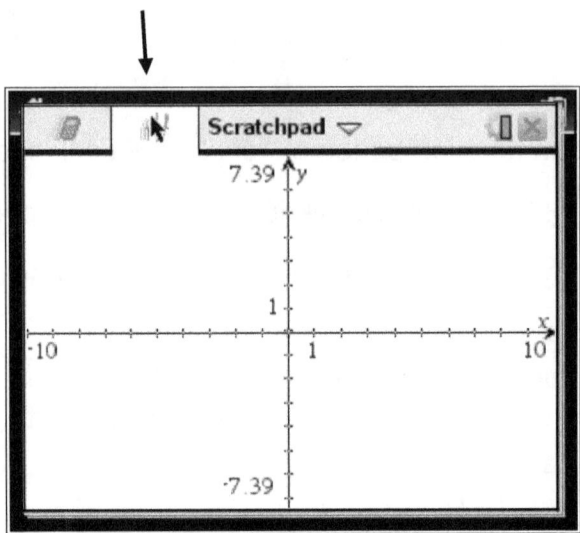

- Ejemplo: Trazar la gráfica de la función: f(x) = 3x – 1.

• Oprima la tecla: **menu**, seleccione el #3: **Graph Entry/Edit**. Seleccione el tipo de gráfica. Observará lo que se muestra a continuación.

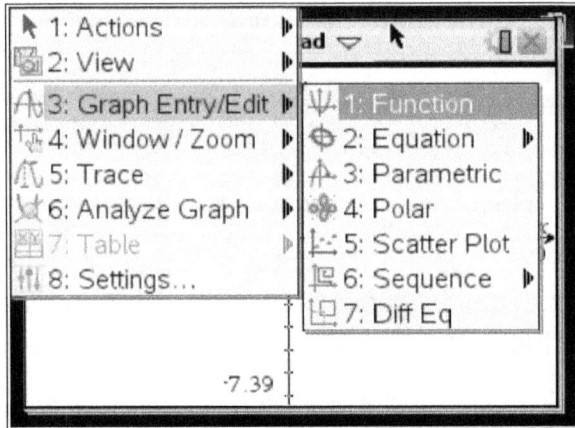

• Seleccione el 1: **Function** y oprima **enter**. Escriba la función, verá la pantalla siguiente:

Integración de la calculadora TI-Nspire en la enseñanza de matemática

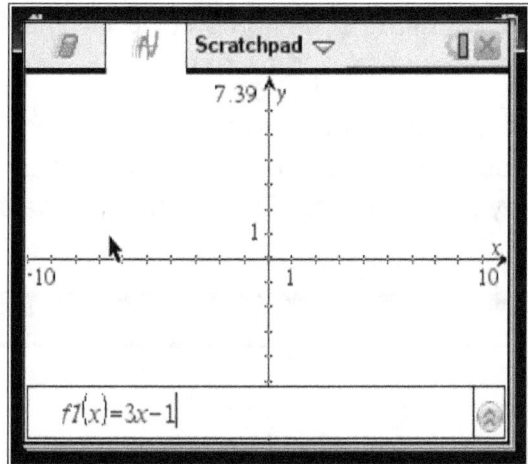

- Oprima **enter** para ver la gráfica. Observará la siguiente pantalla:

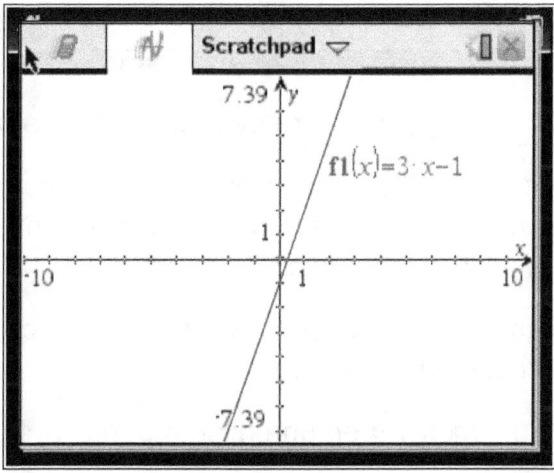

- Podemos mover de lugar la ecuación:
  - Coloque el cursor sobre la caja de texto donde está escrita la ecuación hasta que salga la palabra "label" y la imagen de una manita.
  - Oprima el botón central del "mouse pad" por 2 o 3 segundos.
  - Observará que la manita se cerró, indicando que está sujetando la ecuación.

- Puede colocar dicha ecuación en el lugar que prefiera de la pantalla. Cuando esté a gusto, oprima **esc**.

• Podemos mover la gráfica y observar lo que sucede con la ecuación que define esta. Coloque el cursor sobre la gráfica y observe que aparece la palabra graph f1 y unas flechitas. Déjela oprimida hasta que salga la manita cerrada.

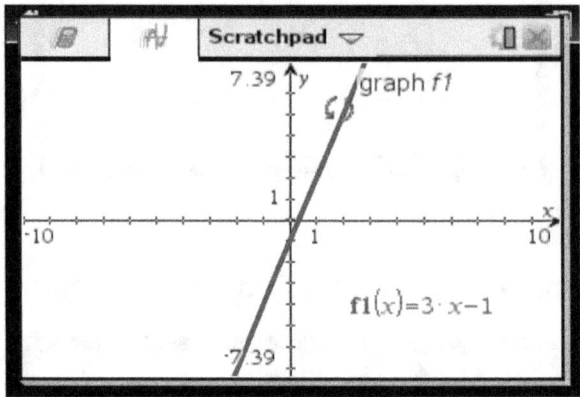

• Mueva la gráfica. ¿Qué parámetro de la ecuación cambió?

• Oprima esc. Coloque el cursor en el intercepto en y déjelo oprimido por unos segundos hasta que salga la manita cerrada, mueva la gráfica. ¿Qué parámetro de la ecuación cambió?

• Otra forma de escribir la función para trazar la gráfica es oprimir ctrl G, de esta forma aparecerá la opción f(x) =.

• Por otro lado, podemos ver en una misma pantalla, la gráfica y la tabla de valores

- Ejemplo: Escriba la función f(x) = 2x – 5. Observará la siguiente figura:

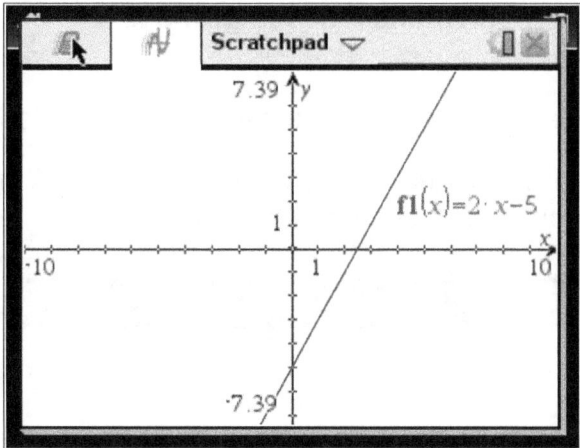

- En la pantalla de gráfica, oprima el botón **menu**, seleccione la opción **Table**, seleccione el 1, oprima **enter**. ¿Qué observa?

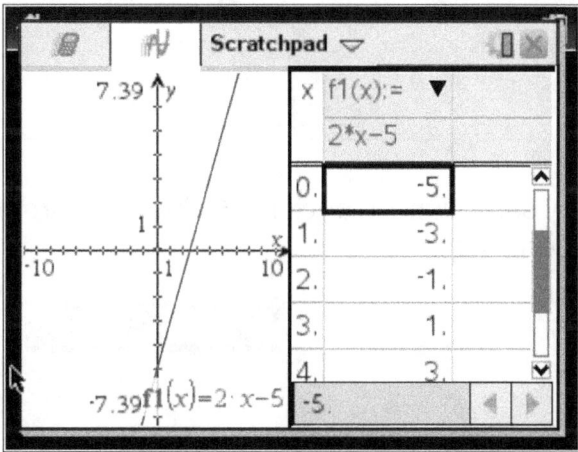

- Coloque el cursor en la gráfica, oprimiendo ctrl tab (de esta forma se puede mover de un lugar a otro de la pantalla). Mueva la gráfica, ¿qué sucede en la tabla de valores?
- Otra opción para acceder a la tabla de valores es oprimir ctrl T. De esta forma accederá a esta de forma más rápida.

Análisis de las gráficas

- Al trazar gráficas, la calculadora le ayuda a analizar las mismas.
    - Ejemplo: Trace las gráficas de: f(x) = $-x^2$+3 y f(x) = x + 1 en el mismo plano cartesiano. Obtendrá lo siguiente:

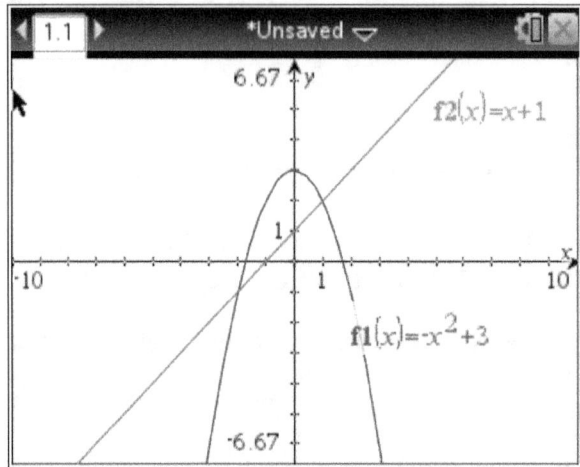

- Oprima **menu** y seleccione la opción # 6: **Analyze graph**. Observará lo que se muestra a continuación.

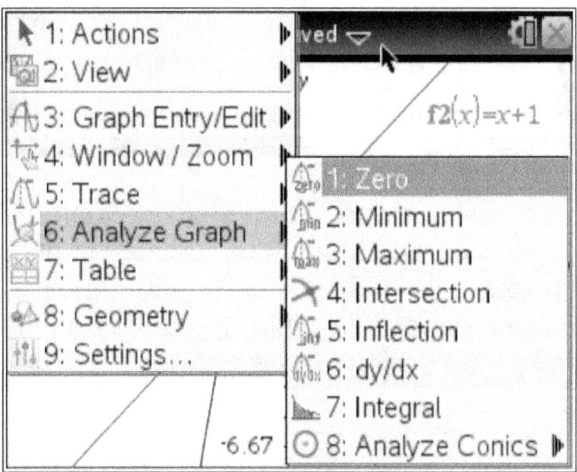

- Determine los puntos de intersección de ambas gráficas, seleccionando la opción 4: **Intersection**. Observará lo siguiente:

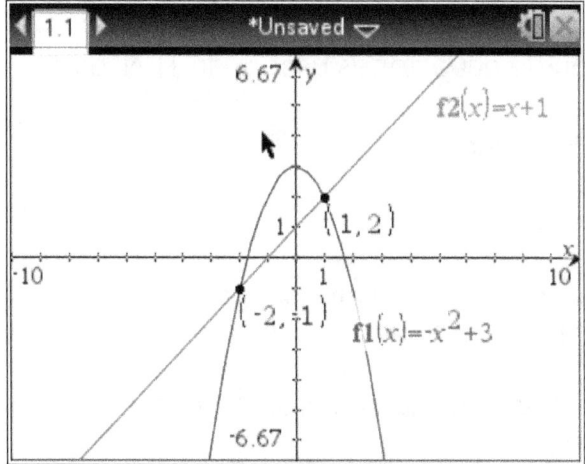

- Recuerde que tiene que indicar la región donde buscará los puntos de intersección. Esto es, acotar los intervalos (indicar el "lower" y "upper bound"). La máquina sombreará esas regiones según se mueva en el plano.

En el próximo capítulo presentamos algunas actividades en las que se integra la calculadora gráfica TI-Nspire CX CAS. Estas incluyen diversos temas tales como: álgebra, geometría, medición, análisis de datos y probabilidad.

Capítulo 2: Actividades en las que se integra el uso de la calculadora gráfica en la enseñanza de matemáticas.

Actividad 1: Solución de ecuaciones usando la TI-Nspire

Nivel: Intermedio y Superior

Objetivos específicos:

1. Usar la calculadora gráfica TI-Nspire para:
   a. Determinar el conjunto solución de ecuaciones usando el método gráfico.
   b. Determinar el conjunto solución de ecuaciones usando la tabla de valores.
   c. Resolver ecuaciones a través de la opción **Solve**.

2. Analizar y explicar la relación entre la gráfica y el conjunto solución de la ecuación.

3. Analizar y explicar la relación entre la tabla de valores y el conjunto solución de la ecuación.

4. Resolver problemas de aplicación solucionando ecuaciones lineales y seleccionar el método más apropiado.

Estándares atendidos:

Séptimo grado:

7.0 Resuelve ecuaciones lineales (de uno y dos pasos) usando tablas, gráficas y manipulaciones simbólicas.

> **A.MO.7.7.1** Representar situaciones matemáticas y del mundo real que utilice ecuaciones lineales de la forma ax + b = c, donde a, b, c son expresadas como fracciones, decimales o enteros.
>
> **A.PR.7.7.3** Establece conexiones entre las representaciones gráficas, tablas y símbolos a la solución única de una ecuación lineal dada.

Octavo grado:

5.0 Construye, resuelve e interpreta las soluciones de ecuaciones e inecuaciones lineales en contextos matemáticos y del mundo real.

A.MO.8.5.1 Construye una ecuación o inecuación lineal para modelar una situación del mundo real, usando una variedad de métodos y representaciones.
A.RE.8.5.2 Analiza y explica el razonamiento utilizando para resolver ecuaciones e inecuaciones lineales.
A.RE.8.5.3 Resuelve ecuaciones e inecuaciones lineales usando símbolos, gráficas, tablas y tecnología.
A.RE.8.5.4 Resuelve ecuaciones e inecuaciones lineales con valor absoluto

Materiales y equipo:

- ✓ Una calculadora TI-Nspire CX CAS para cada participante.
- ✓ Calculadora de proyección TI-Nspire CX CAS y una computadora
- ✓ Proyector digital

Introducción: Existen varias formas en que la calculadora TI-Nspire puede ayudar a resolver ecuaciones. Estas formas son diferentes a los procesos convencionales que se usan en los salones de clases. Se sugiere que se usen para ampliar o profundizar en el entendimiento de este concepto. En esta actividad, se sugieren algunas formas.

Situación:

1. Lea y analice la siguiente situación:

   Una gacela puede correr a 73 pies por segundo por varios minutos. El depredador principal de la gacela lo es el chita. El chita puede correr mucho más rápido que la gacela. Las observaciones realizadas indican que, el chita puede correr a 88 pies por segundo, pero solamente puede mantener esta velocidad máxima durante 20 segundos. Pasados los 20 segundos, el chita se fatiga y debe interrumpir la persecución. La gacela debe estar siempre pendiente a los chitas. ¿Cuán lejos de un chita debe estar una gacela para estar a salvo?

2. Deseamos utilizar la calculadora gráfica TI-Nspire para encontrar la distancia "segura" a la cual la gacela debe mantenerse del chita para no ser atrapada.

3. Conteste las siguientes preguntas:

   a) Escriba y justifique una ecuación para representar la situación entre la persecución del chita y la gacela. Identifique las variables usadas, indicando las unidades.

   b) ¿Qué valor usaría para iniciar la búsqueda de la distancia segura para la gacela?

   c) ¿Cuál estrategia considera apropiada para explorar si la distancia seleccionada es segura para la gacela?

   d) Suponga que la persecución comienza a 100 pies, esto es, d = 100. ¿Considera que esta distancia seleccionada es apropiada para que la gacela esté segura? ¿Por qué?

   e) Si la gacela es capturada para la distancia seleccionada (d = 100), ¿cuánto estima sea el tiempo aproximado que le toma al chita atraparla? ¿Cuál es la distancia recorrida cuando ocurre la captura?

   f) Si la distancia seleccionada fuera de 600 pies, ¿es capturada la gacela o logra escapar? ¿Qué datos de la tabla ayudan a sostener la respuesta?

   g) ¿Es posible usar otra estrategia para resolver el problema? Explique.

NOTA: La ecuación que aquí se muestra es un modelo matemático que solo aplica a un momento particular de la persecución entre el chita y la gacela.

Contestaciones a las siguientes preguntas:

a) La ecuación es $88x = 73x + d$ donde la variable x representa el tiempo en segundos y d representar la distancia en pies. La variable d se utiliza para indicar la distancia que separa los dos animales.

b) Los valores pueden variar, en la actividad fue seleccionado el valor $d = 100$.

c) Las estrategias pueden variar, en primer lugar se puede utilizar un análisis de las gráficas o explorar un razonamiento algebraico sustentado en el análisis de la ecuación. También se puede utilizar la estrategia de tanteo y error.

d) La distancia inicial seleccionada no es apropiada para que la gacela esté segura.

e) Analizando el modelo matemático (buscando la intersección entre las dos rectas) se determina que la gacela es atrapada en 6.67 segundos. La distancia recorrida por ambos animales cuando el chita atrapa la gacela es 587 pies.

f) La gacela logra escapar ya que el chita puede correr a 88 pies por segundo, pero solamente puede mantener esta velocidad máxima durante 20 segundos y con una distancia de 600 pies, debe mantener su velocidad máxima por más de 20 segundos.

g) Existen varias estrategias sustentadas en varios aspectos, estas son: análisis de la gráfica en la calculadora, análisis de tablas y resolver ecuaciones.

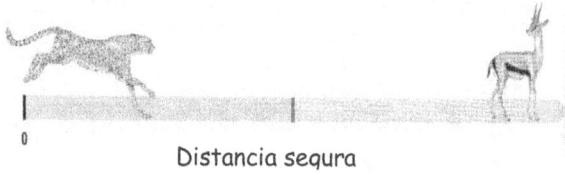

Figura

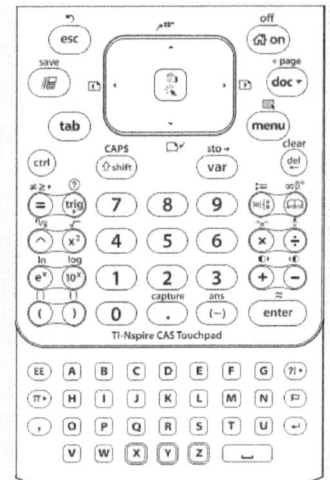
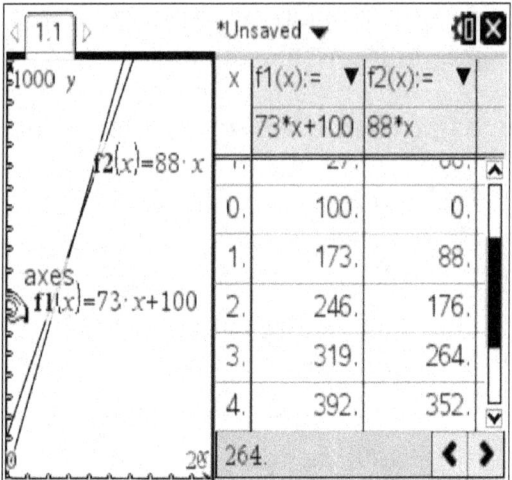

A continuación se resumen algunas formas de usar la calculadora para resolver ecuaciones.

1. **Resolver ecuaciones gráficamente**

    A. Una forma es trazando la gráfica de cada lado de la ecuación como si fueran funciones independientes y luego buscar el punto de intersección de ambas gráficas. En el punto de intersección de las gráficas, el valor de la coordenada de **y** es el mismo. El valor de la coordenada de x de ese punto, es la solución.

    Ejemplo # 1: Resuelva la ecuación: $2(x - 1) = 2(2x - 5)$.

    - Puede hacerlo desde el **Scratchpad** (opción de gráficas) o en la pantalla principal, seleccione el segundo ícono: 🔽.

    - Escriba las dos funciones, una en f1(x) y la otra en f2(x). Recuerde que puede oprimir crtl G, para que aparezca el espacio para escribir la función.

    - Se escriben ambos lados como funciones individuales, según se ilustra.

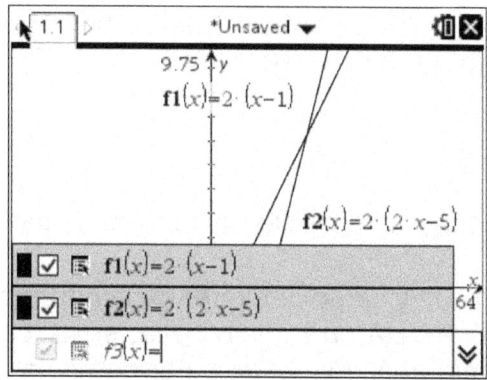

- Oprima `enter` para trazar las gráficas.

- Presione `menu` para activar la herramienta "**Intersection**" la misma sirve para localizar el punto de intersección de ambas gráficas, es decir, donde f1(x) = f2(x). Al oprimir **menu**, seleccionará la opción 6: **Analyze Graph** y escogerá la opción 4: **Intersection**. Recuerde que necesita indicar la región del plano donde buscará el punto de intersección.

- Observará las pantallas que se muestran a continuación:

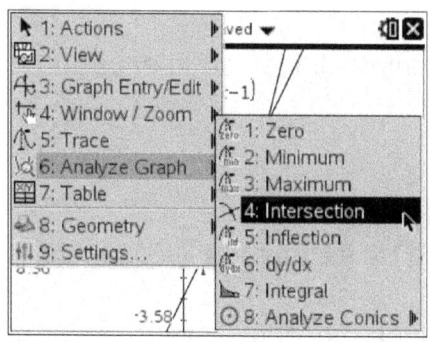
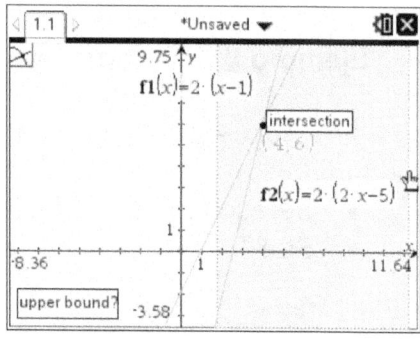

- El punto de intersección es (4, 6), por lo tanto, el conjunto solución de la ecuación es x = 4.

- Motive a sus estudiantes a que realicen la verificación.

Práctica 1: Use la calculadora gráfica TI-Nspire y determine el conjunto solución de las siguientes ecuaciones trazando las gráficas de éstas, esto es, determine el punto de intersección:

1) $x^2 = 12 - x$ 2) $|x+4| = 3$

NOTA: Podemos acceder al símbolo de valor absoluto de varias formas:

a. Escriba las letras abs y luego la expresión algebraica.
b. Oprima la tecla que está en la quinta fila, sexta columna. Ahí encontrará varios símbolos matemáticos, el de valor absoluto está en la segunda fila, primera columna.
c. Acceda al catálogo, opción 1, oprima la letra **a**, la primera opción es abs (valor absoluto).

Continuamos con la explicación de los métodos gráficos para resolver ecuaciones usando calculadora gráfica TInspire:

B. Uso de la opción **Zero**. Al determinar un cero de la función, se obtiene una raíz de la ecuación. Los ceros de la gráfica (interceptos en el eje de x) de una ecuación se determinan igualando la coordenada **y** a cero y resolviendo la ecuación. Este proceso requiere que un lado de la ecuación sea igual a cero.

Ejemplo # 2: Determine el conjunto solución de la ecuación:

$$3(x - 2) = 5(x - 1).$$

- Se escribe $3(x - 2) - 5(x - 1) = 0$.
- Sea $f_1(x) = 3(x - 2) - 5(x - 1)$ y se traza la gráfica, luego presione (menu) y los pasos que se muestran para activar la herramienta de **Zero**, esto es:

- Seleccione la opción # 6: **Analyze graph**.
- Escoja la opción # 1: **Zero**.
- Debe indicar la región del plano donde buscará el cero, esto es, acotar el intervalo.
- Oprima **enter**.

- La solución es (-0.5, 0), por lo tanto, el cero (raíz o solución de la ecuación) es: x = -0.5.
- A continuación se ilustran las gráficas que muestran este proceso.

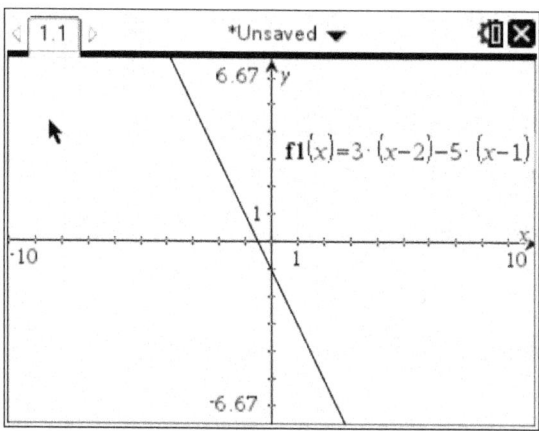

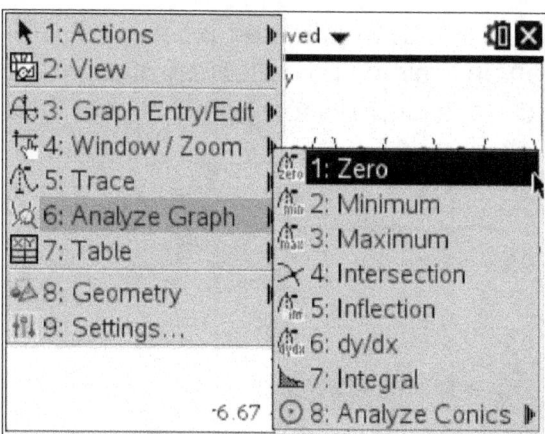

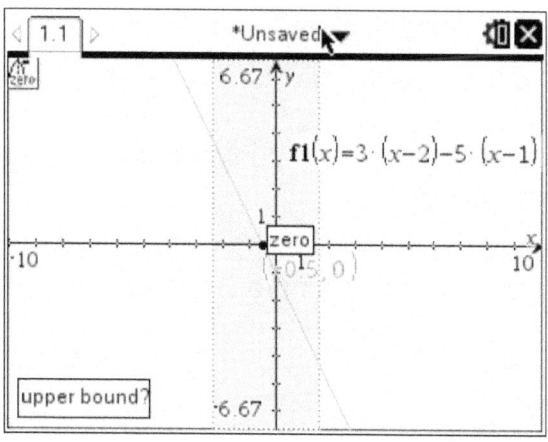

2. **Uso de tabla de valores**

Requiere escribir la ecuación igualada a cero.

Ejemplo # 3: Resuelva la ecuación:
2(x – 1) = 2(2x – 5).

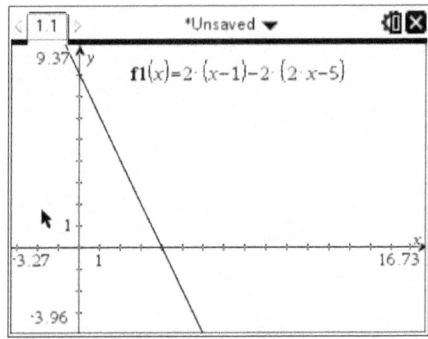

- Se escribe 2(x – 1) - 2(2x – 5) = 0.
- Sea f1(x) = 2(x – 1) - 2(2x – 5).
- Oprima ⊞ para graficar f1(x).
- Luego oprima (menu) y las pantallas que se muestran para visualizar la tabla.
- Esto es:
    - Seleccione la opción 7: **Table**.
    - Seleccione la primera opción: 1: **Split – screen Table**. Verá en una misma pantalla, la gráfica y la tabla de valores.
- Recuerde que otra opción para acceder a la tabla de valores, es oprimir ctrl T.

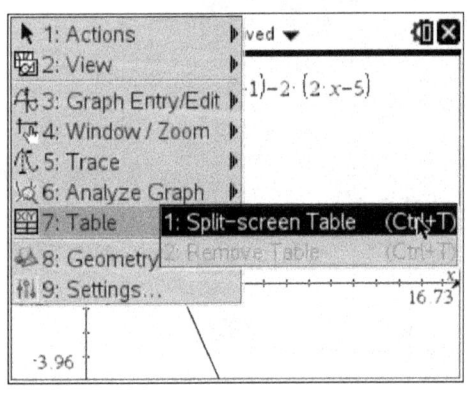
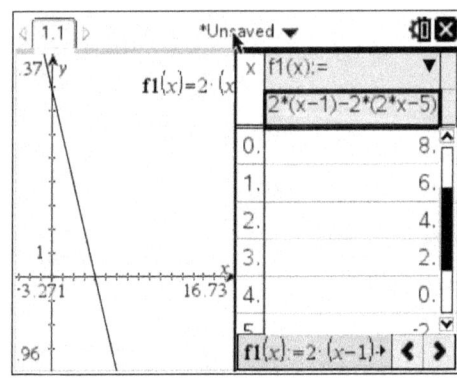

- Los valores de x para los cuales **f1(x) = 0 son las soluciones**. En este caso, **x = 4**.

- También puede escribir f1(x) = 2(x – 1), f2(x) = 2(2x – 5) y buscar en la tabla los valores de x para los cuales f1(x) = f2(x).

40

- Según muestra la tabla, f₁(x) = f₂(x) cuando x = 4, que es la solución de la ecuación.

Práctica 2:
Use la calculadora gráfica TI-Nspire y determine el conjunto solución de las siguientes ecuaciones usando la tabla de valores:
1) $6x - 7 = 2x - 5$
2) $x^2 - 3 = 4x + 9$
3) $2(2x - 3) = 3(2x + 1) + 2$
4) $\dfrac{2x}{x-3} = 1 + \dfrac{5}{x-3}$
5) $3^{x+1} - 7 = 74$

3. **Opción Solve**

   Ejemplo # 4: Determine el conjunto solución de la ecuación:
   $2(x - 1) = 2(2x - 5)$.

   - Seleccione la opción **Calculate**, luego **menu**, la tercera opción: Algebra.
   - Seleccione la opción 1: **Solve**. Escriba la ecuación, luego coma y la variable para la que desea obtener la solución.

Integración de la calculadora TI-Nspire en la enseñanza de matemática

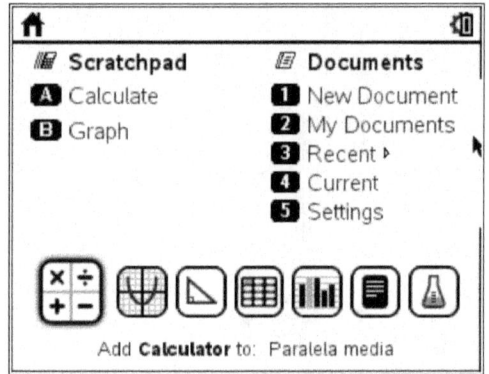
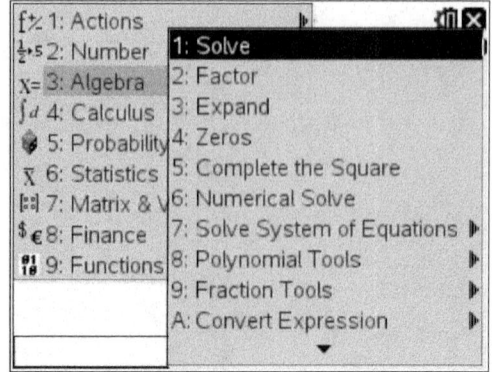

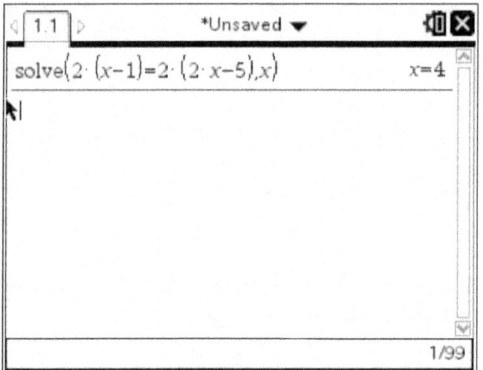

- Obtendrá **x = 4**.

NOTA: El anterior es uno de los ejemplos resueltos anteriormente usando otros de los métodos.

Práctica 3: Use la opción **Solve** y resuelva algunas de las ecuaciones que resolvió en la Práctica 1 y en la Práctica 2.

Actividad 2: Solución de desigualdades usando la TI-Nspire

Nivel: Intermedio y superior

Objetivos específicos:

1. Analizar las gráficas de las funciones que componen una desigualdad lineal en una variable, para determinar el conjunto solución.

2. Determinar cuándo una desigualdad es cierta o falsa, analizando la gráfica.

Estándares atendidos:

Séptimo grado

8.0 Representa e interpreta inecuaciones en una variable geométricamente y simbólicamente.

    A.RE.7.8.1 Representa las soluciones de inecuaciones de la forma x > a, (x < a) y a ≤ x ≤ b (a ≥ x ≥ b) en la recta numérica.

Octavo grado

5.0 Construye, resuelve e interpreta las soluciones de ecuaciones e inecuaciones lineales en contextos matemáticos y del mundo real.

    A.RE.8.5.2 Analiza y explica el razonamiento utilizando para resolver ecuaciones e inecuaciones lineales.
    A.RE.8.5.3 Resuelve ecuaciones e inecuaciones lineales usando símbolos, gráficas, tablas y tecnología.
    A.RE.8.5.4 Resuelve ecuaciones e inecuaciones lineales con valor absoluto.

Décimo grado

4.0 Representa, interpreta y soluciona problemas que involucran funciones cuadráticas. Traduce entre las diferentes representaciones de una función (verbal, tablas, símbolos y gráficas)

    A.MO.10.4.3 Identifica los puntos de intersección de la gráfica de una ecuación cuadrática de la forma $y=ax^2$ y la gráfica de una línea de la forma $y = k$, y la relaciona con los puntos de

Integración de la calculadora TI-Nspire en la enseñanza de matemática

intersección de las soluciones de la ecuación cuadrática $ax^2 = k$.

A.RE.10.4.5 Resuelve ecuaciones e inecuaciones cuadráticas con coeficientes reales sobre el conjunto de números reales y complejos.

Resuelve ecuaciones cuadráticas por medio de la factorización, compleción del cuadrado, el método de la raíz, la fórmula cuadrática y la tecnología, e interpreta sus soluciones en el contexto del problema original.

o Construye y resuelve inecuaciones cuadráticas en una y dos variables, y representa su solución gráficamente.

Materiales y equipo:

- ✓ Una calculadora TI-Nspire CX CAS para cada participante.
- ✓ Calculadora de proyección TI-Nspire CX CAS y una computadora
- ✓ Proyector digital

Introducción: Hay varias formas en que la calculadora puede ayudar al proceso de resolver desigualdades lineales en una variable. Estas formas ayudan a entender mejor los procesos algebraicos y profundizar en representaciones geométricas del concepto. Son un poco diferentes a los procesos convencionales que se usan en los salones de clases. En esta actividad se sugieren algunas formas.

NOTA: Esta actividad requiere que se haya trabajado previamente la actividad: solución de ecuaciones utilizando la TI-Nspire.

1. **Análisis de la gráfica para determinar el conjunto solución**: Consiste en establecer una función con cada lado de la desigualdad.

   Ejemplo # 1: Resuelva la desigualdad: $4x + 7 \geq -x - 3$.

   - Sea $f_1(x) = 4x + 7$, $f_2(x) = -x - 3$.
   - Busque el punto de intersección de ambas gráficas usando **Intersection.**
   - Observe la figura, en este caso, el punto de intersección es (-2, -1).
   - La gráfica se muestra a continuación.

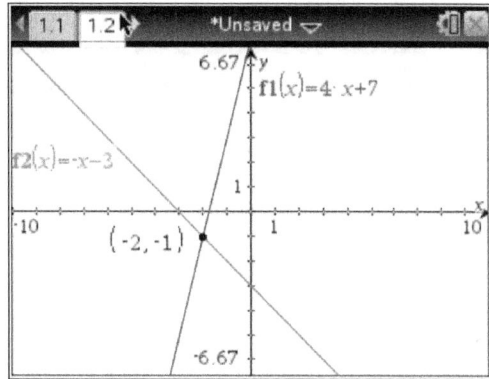

- Note que la gráfica de f1(x) está sobre la de f2(x), esto es, f1(x) > f2(x), <u>a la derecha del punto de intersección</u>.

- Por lo tanto, la solución de la desigualdad es $x \geq -2$. En notación de intervalo sería: [-2, ∞). Observe que incluimos el -2 porque la desigualdad original tiene el símbolo ≥.

NOTA: Es importante resaltar el hecho de que para determinar el conjunto solución, debemos analizar los valores que satisfacen la desigualdad en el eje de x, ya que es para variable para la que estamos resolviendo.

Analizando la gráfica, también podemos determinar el intervalo donde f1(x) < f2(x). Observe que esto sucede bajo el punto de intersección, porque la gráfica de f1(x) está debajo de la gráfica de f2(x). Esto es, x < -2.

Observe la gráfica e indique, el intervalo donde f2(x) > f1(x).

NOTA: El proceso de análisis de la gráfica nos permite determinar el conjunto solución de una desigualdad sin realizar ningún proceso algebraico, sólo estudiando el comportamiento de éstas.

Ejemplo # 2: Determine el conjunto solución de la desigualdad: $x^2 - 8 < 2x$.
- Sea $f_1(x) = x^2 - 8$, $f_2(x) = 2x$.
- Buscamos ambos puntos de intersección.
- En este caso, son: (-2, -4) y (4, 8).
- Observe que en el intervalo de –2 a 4, la gráfica de f1(x) está debajo de la de f2(x), esto es, f1(x) < f2(x).
- Por lo tanto, el conjunto solución es: -2 < x < 4. En notación de intervalo: (-2, 4).

Integración de la calculadora TI-Nspire en la enseñanza de matemática

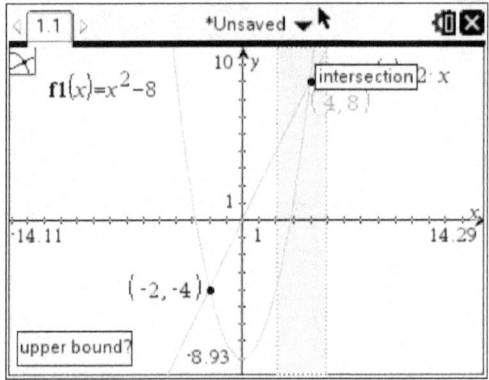

Ejemplo # 3: Resuelva la desigualdad: -5 < 2x − 3 < 3.
- Sea $f_1(x) = -5$, $f_2(x) = 2x - 3$, $f_3(x) = 3$.
- Buscamos los valores de x para los cuales la gráfica de $f_2(x)$ está entre las gráficas de $f_1(x)$ y $f_3(x)$.
- La intersección de $f_1(x)$, $f_2(x)$ es (-1, -5) y la de $f_2(x)$ y $f_3(x)$ es (3, 3). La desigualdad es cierta para todos los valores de x que están entre estas dos intersecciones.
- Por lo tanto, el conjunto solución es: -1 < x < 3. En notación de intervalo: (-1, 3).

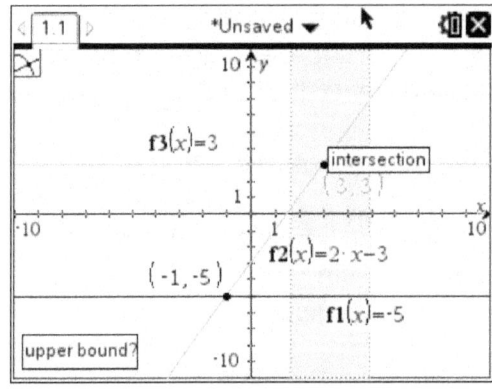

NOTA: En este ejemplo es necesario indicarle a la calculadora cuáles son las dos gráficas que estamos considerando para determinar el punto de intersección, ya que hay más de dos.

NOTA SOBRE EL USO DE LA CALCULADORA TI-NSPIRE:
Cuando active una de las herramientas, la misma permanecerá en función, hasta tanto se oprima la tecla: (esc).

2. **Sombrear el conjunto solución de la desigualdad**

   Ejemplo # 1 (Ejemplo preliminar):   Trace la gráfica de x > 2.

   A continuación aparecen las pantallas que ilustran el proceso a seguir.

   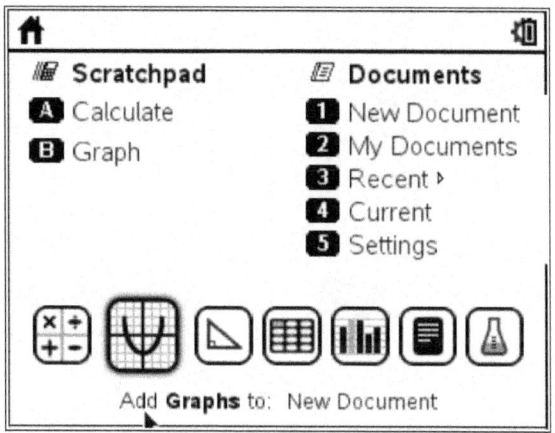

   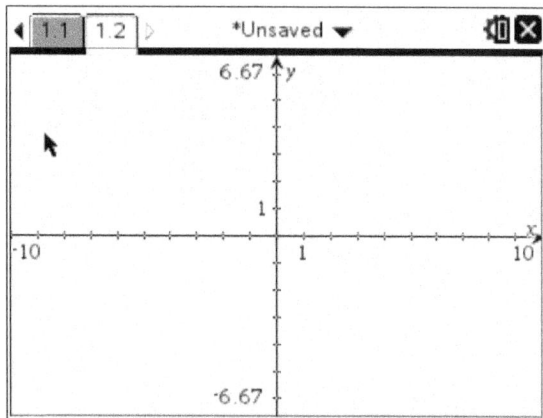

   - Oprima **menu** para ver las siguientes pantallas. Luego de seleccionar la opción 7: Text, oprima **enter** (o el botón del medio del "mouse pad"), escriba la desigualdad, luego **esc** para desactivar la misma y muévala hasta que toque el eje de x para que se trace la gráfica. Recuerde que los símbolos de desigualdad se encuentran en la quinta fila, primera columna, esto es, oprimiendo ctrl y el símbolo de igualdad.

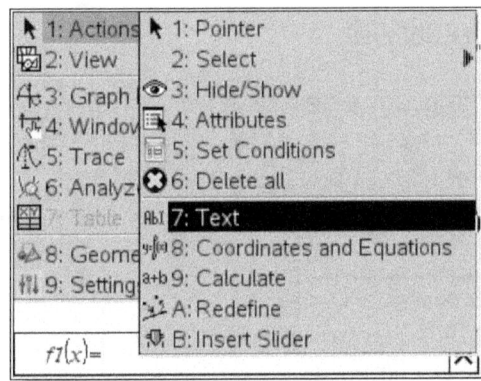
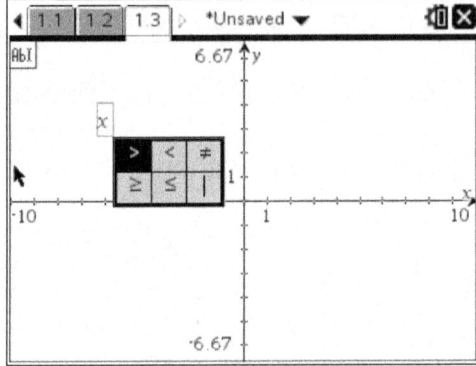
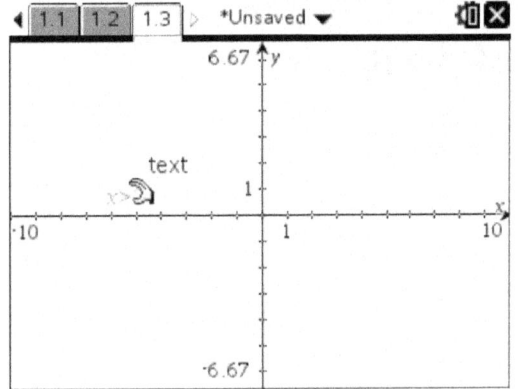
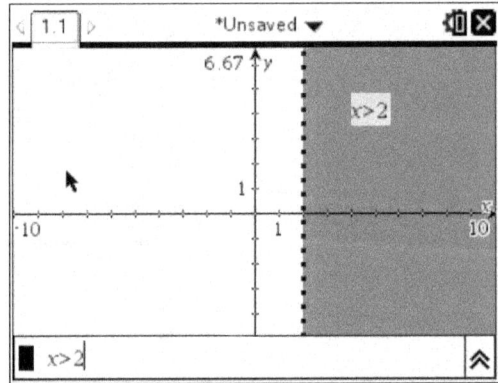

Ejemplo # 2: Determine el conjunto solución de la desigualdad: $4x - 7 < 2x - 3$.

- Trace las gráficas, sea $f_1(x) = 4x - 7$ y $f_2(x) = 2x - 3$.
- Busque el punto de intersección, en este caso es (2, 1).
- Observe que la gráfica de $f_1(x)$ está bajo la de $f_2(x)$ para las $x < 2$.
- Escriba en una caja de texto el conjunto solución ($x < 2$) y arrástrelo hasta el eje de x.
- Oprima **enter** y se sombreará esta región del plano.
- Recordar: En notación de intervalo, el conjunto solución sería: $(-\infty, 2)$.
- La gráfica se muestra a continuación.

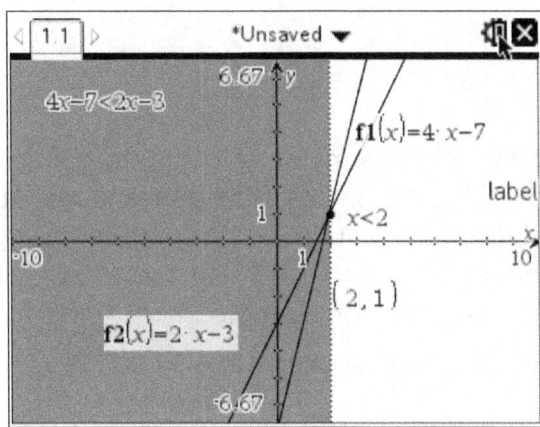

NOTAS IMPORTANTES:
1. Observe que el proceso consiste en trazar la gráfica de cada lado de la desigualdad como una función separada y luego establecer una tercera expresión con la desigualdad que representa el resultado.
2. En términos generales, lo que estamos haciendo es una extensión del proceso explicado anteriormente en esta actividad.

Ejemplo # 3: Resuelva $|2x - 5| > 3$ y trace la gráfica del conjunto solución.

- Trace las dos gráficas, por ejemplo, asigne: $f_1(x) = |2x - 5|$; $f_2(x) = 3$ y busque los puntos de intersección entre ambas. En este caso son: (1, 3), (4, 3).
- Analice los intervalos que satisfacen la desigualdad.
- La desigualdad es cierta si $x < 1$ ó $x > 4$.
- Use el proceso explicado en el ejemplo 2, para sombrear el conjunto solución.

- En notación de intervalo, el conjunto solución sería: (-∞, 1) ∪ (4, ∞).
- La gráfica se muestra a continuación.

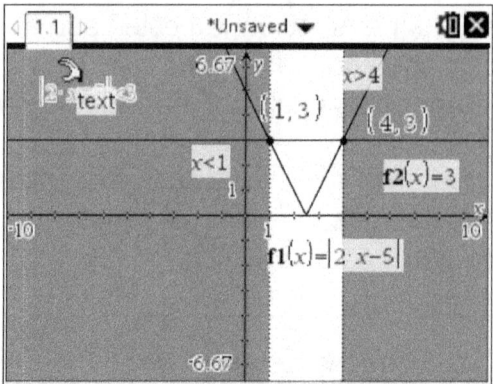

NOTA IMPORTANTE: El determinar el conjunto solución de desigualdades con valor absoluto gráficamente, es una herramienta útil la cual el maestro puede utilizar para guiar a los estudiantes a descubrir el algoritmo para resolver estas algebraicamente. Se sugiere que se comience trazando la gráfica de desigualdades más simples, por ejemplo: $|x| > 4$, $|x| < 3$ y que se formulen preguntas para este propósito, algunas posibilidades son:

a. ¿Cómo podemos conseguir la solución de la desigualdad si no tuviéramos la gráfica?

b. ¿Cómo se podría generalizar el proceso para solucionar desigualdades con valor absoluto si contienen el símbolo de > (o ≥)? ¿Si contienen el símbolo de < (o ≤)? Explique.

Ejemplo # 4: Resuelva la desigualdad: $x^2 - 4 > 3x$.

- Sea $f_{1(x)} = x^2 - 4$, $f_{2(x)} = 3x$.
- Trace las gráficas y determine los puntos de intersección entre las mismas, los cuales son: (-1, -3) y (4, 12).
- Analice el comportamiento que describe la desigualdad observando éstas.
- Podemos concluir que la desigualdad es cierta para x < -1 ó x > 4.
- El conjunto solución en notación de intervalo sería: (-∞, -1) ∪ (4, ∞).
- La gráfica se muestra a continuación.

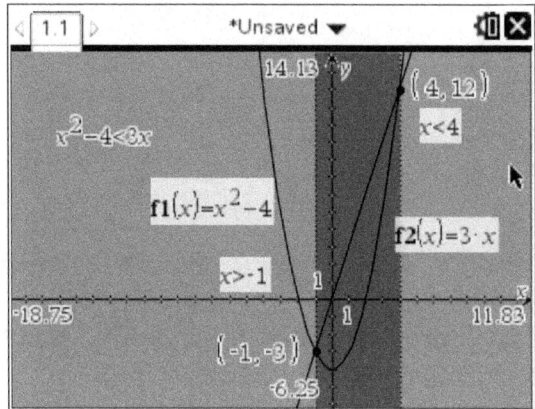

Práctica: Use la calculadora TI-Nspire para determinar el conjunto solución de las siguientes desigualdades. Sombree la región que representa el conjunto solución de cada una.

1. $2x^2 < x + 10$

2. $|2x + 4| \leq 3$

Soluciones:

1. $\left(-2, \frac{5}{2}\right)$, esto es: -2 < x < 2.5.
2. [-3.5, -.5], esto es: $-3.5 \leq x \leq -.5$

Actividad 3: Investigar el concepto de probabilidad analizando datos de simulaciones

Nivel: Intermedio y superior

Objetivos específicos:

1. Incorporar la calculadora gráfica para realizar simulaciones sobre el lanzamiento de dados.
2. Usar la calculadora gráfica para determinar la suma de los datos obtenidos al lanzar los dados en la simulación.
3. Trazar el diagrama de puntos correspondiente a los datos obtenidos en la simulación, usando la calculadora gráfica.
4. Determinar las medidas de tendencia central: mediana y media aritmética, de los datos obtenidos en la simulación.
5. Analizar las medidas de tendencia central anteriores y llegar a conclusiones.
6. Aplicar lo aprendido en la actividad para realizar una simulación del juego de la loto en Puerto Rico.

Estándares atendidos:

Noveno grado

10.0 Desarrolla, usa e interpreta simulaciones para estimar probabilidades para eventos cuyos valores teóricos son difíciles o imposibles de calcular.

    E.PR.9.1O.1 Describe una simulación identificando los componentes y supuestos en un problema, seleccionando un instrumento para generar los resultados, define intento, y especifica el número de intentos; y conduce la simulación.

    E.PR.9.10.2 Resume datos de una simulación usando los resúmenes numéricos y las gráficas apropiadas, desarrolla un estimado para la probabilidad de un evento asociado a una situación probabilística del mundo real, y discute el efecto de un número de intentos en la probabilidad estimada de un evento.

    E.PR.9.10.3 Reconoce que los resultados de una simulación difieren de una simulación a otra; observa que los resultados de una simulación tienden a converger a medida que aumenta el número de intentos.

Nivel superior

6.0 Recopila y representa los datos e interpretar las medidas de tendencia central y variabilidad.

1. Calcula y usa la media, mediana, moda, media ponderada, media geométrica, media armónica, extensión, cuartiles, variación y desviación estándar.

Materiales y equipo:

- ✓ Una calculadora TI-Nspire CX CAS para cada participante.
- ✓ Calculadora de proyección TI-Nspire CX CAS y una computadora
- ✓ Proyector digital

Introducción: Las simulaciones son una importante herramienta de aprendizaje que permite a los estudiantes comprender conceptos de probabilidad, especialmente cuando la idea de probabilidad se debe vincular, conectar y enlazar, con conceptos teóricos y experimentales. La probabilidad experimental, por su naturaleza, consume tiempo en el salón de clases. En los casos particulares de lanzar monedas, tirar un dado o varios dados, obtener los datos suele ser un proceso que requiere mucho trabajo y consumo de tiempo valioso en el salón de clases. Esto último, debido a la gran cantidad de datos que se generan con un experimento. Esta actividad integra la tecnología mediante la calculadora TI-Nspire, construyendo simulaciones que producen cientos de datos en cuestión de segundos. La capacidad de la calculadora para comunicar distintas pantallas y activar distintas aplicaciones, permite dirigir la atención del estudiante a diferentes representaciones del mismo concepto. Usando la función randInt, hoja de cálculo y el análisis de datos mediante gráficas, se busca promover un aprendizaje activo. Las preguntas que se redactan buscan atender niveles cognitivos altos, enfocando el proceso de enseñanza aprendizaje, como herramienta de solución de problemas y de creación de conocimiento.

Preparación:

Investigaremos el concepto de probabilidad. La calculadora nos permite generar números aleatorios (enteros o decimales). Veamos.

- Encienda la calculadora y abra la aplicación Calculator: Primer ícono a la izquierda (No utilice la opción del **Scratchpad**).

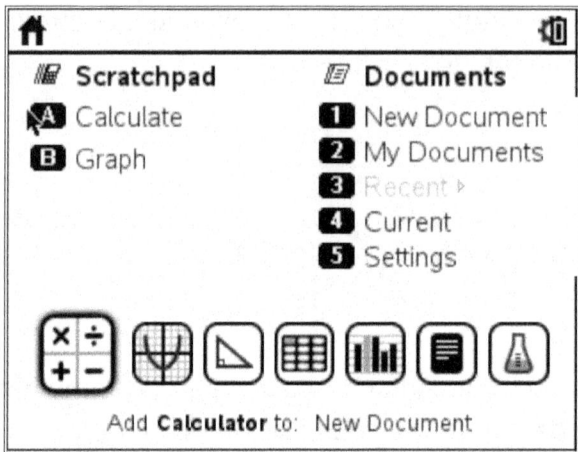

- Oprima (menu) y verá las pantallas siguientes:

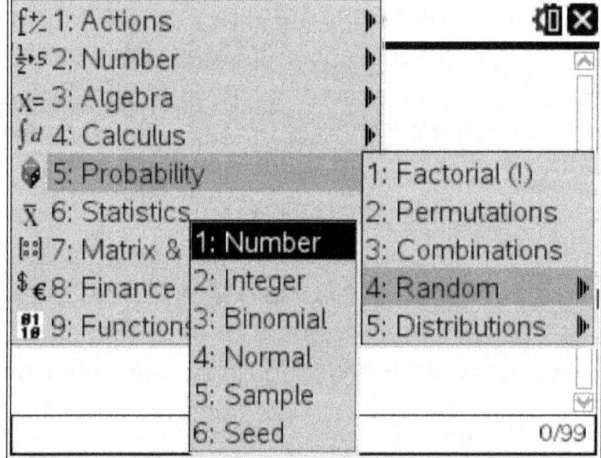

- Si desea que la calculadora genere números decimales aleatorios entre 0 y 1, seleccione la opción 5: **Probability**, luego 4: **Random** y 1: **Number**. A continuación una posibilidad de lo que podría obtener:

```
┌─────────────────────────────────┐
│ ◀ 1.1 ▶        *Unsaved ▼    📱✖ │
│ rand()                  0.373614 │
│ rand()                  0.597287 │
│ rand()                  0.606335 │
│ rand(4)                          │
│   {0.077181,0.016974,0.012437,0.695992} │
│ rand(4)                          │
│   {0.701089,0.882225,0.370913,0.117576} │
│                             5/99 │
└─────────────────────────────────┘
```

- **NOTA**: En el paréntesis luego de la palabra rand, indica la cantidad de números aleatorios que desea que genere entre 0 y 1, en el ejemplo anterior fueron 4.

- Por otro lado, si desea generar números aleatorios enteros, seleccionará la opción 2: **Integer**, de las posibles opciones que tiene la alternativa 4: **Random**. Indicará en el paréntesis: desde qué número hasta qué número los desea y la cantidad de estos. A continuación, una posibilidad de este particular, en este caso, se solicitó 3 números enteros aleatorios entre 1 y 50.

```
┌─────────────────────────────────┐
│ ◀ 1.1 ▶        *Unsaved       📱✖ │
│ randInt(1,50,3)         {23,50,35} │
│ randInt(1,50,3)         {28,32,47} │
│ randInt(1,50,3)         {34,40,28} │
│ randInt(1,50,3)         {17,11,32} │
│ randInt(1,50,3)         {45,7,23}  │
│ randInt(1,50,3)         {24,15,41} │
│ randInt(1,50,3)         {50,25,21} │
│                             7/99 │
└─────────────────────────────────┘
```

- En esta actividad mostraremos cómo podemos controlar el proceso de generar números aleatorios en la calculadora. Esto es así debido que las calculadoras generan números aleatorios utilizando unas listas previamente creadas. Esto convierte el proceso de "aleatoriedad" en una "pseudo" aleatoriedad.

- Los generadores de números pseudo aleatorios son de vital importancia en muchas aplicaciones de las matemáticas, en particular, en el área de generar claves y códigos de acceso. Específicamente, los códigos de acceso de la banca y sistemas de información dependen de los avances de esta rama de las matemáticas (Albornoz, 2001).

- Comenzaremos por seleccionar una semilla que permita establecer una ruta en la lista de probabilidades que genera la calculadora TI-Nspire. Mostramos una semilla particular, sin embargo, el maestro puede utilizar cualquier otra que entienda pertinente, por ejemplo, el número correspondiente al día de su cumpleaños. A continuación se resumen las pantallas de la calculadora TI-Nspire que deben ser utilizadas.

a. Presione (menu) para sembrar una semilla siguiendo los pasos que se muestran. Cuando active la herramienta de **Seed**, escriba el número 95 y presione (enter), posteriormente podrá ver la palabra **Done** (Este procedimiento indica a la calculadora desde qué número seleccionará estos de una lista). En este preciso momento usted estableció una ruta en la lista de probabilidades que genera la calculadora TI-Nspire. Si realizó el procedimiento en forma correcta, debe poder generar los mismos números aleatorios que se muestran en esta actividad.

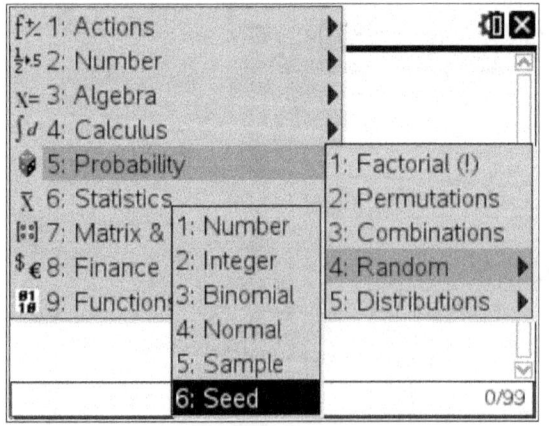 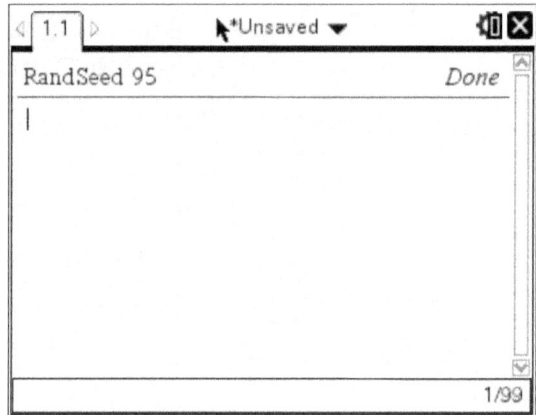

b. Simularemos lanzar dos dados y observaremos los posibles resultados. La herramienta para seleccionar números aleatorios de números enteros positivos debe ser activada. Complete los pasos que se muestran y cuando active la herramienta **randInt**, presione 1, 6, 2. Recuerde que la coma se encuentra al lado izquierdo de la letra O en el teclado de letras de la calculadora.

NOTA: Los números anteriores indican que se piden dos números enteros "aleatorios" entre 1 y 6, de una lista. Al sembrar la semilla en 95 controlamos desde qué posición la calculadora comenzará a seleccionar estos números.

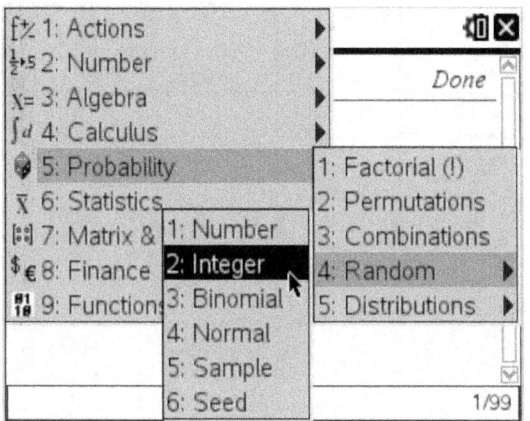 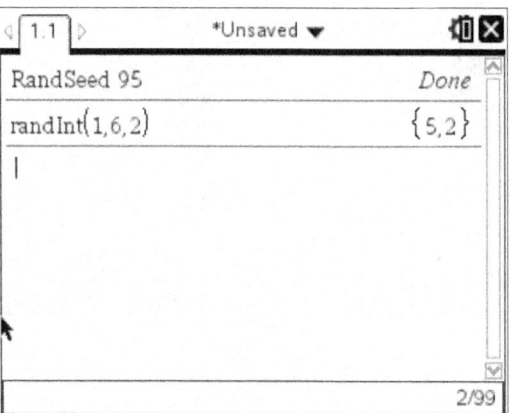

c. Oprima (enter) seis veces para lanzar los dos dados en seis ocasiones distintas, los resultados se muestran a continuación. Este proceso es más rápido que lanzar dos dados seis veces. Sin embargo, si deseamos analizar la suma de los números que se obtienen al lanzar dos dados cien veces, el proceso de lanzarlos resulta poco práctico e ineficiente.

d. Construiremos una ruta más directa para analizar la suma de los números que se obtiene al lanzar dos dados cien veces. Oprima (botón home), esto es, el botón de Home y las pantallas que se muestran para establecer una simulación que permita atender el problema anterior. En particular, seleccione el cuarto ícono: el de listas y hoja electrónica de cálculo (**List & Spretsheet**).

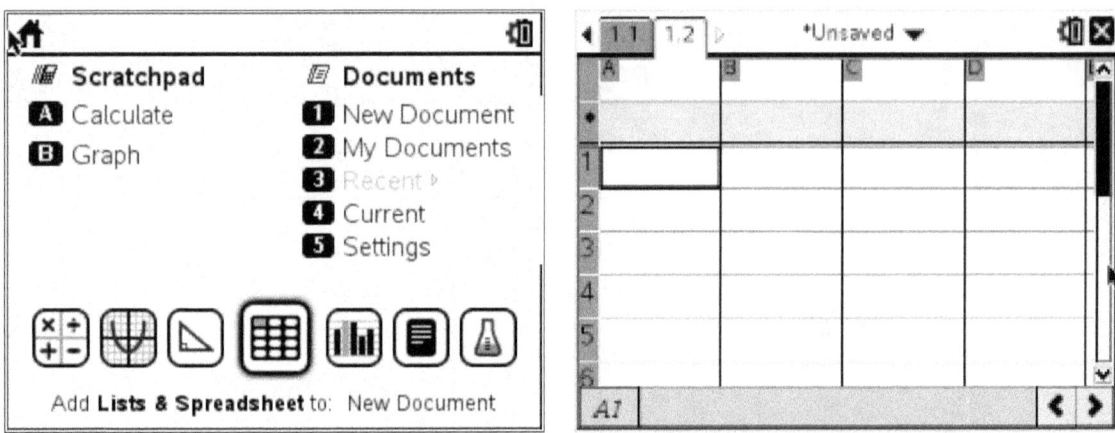

e. Coloque el cursor en el rectángulo que contiene la columna A y llame ese rectángulo: dado1 y oprima (enter), posteriormente en la fila que contiene el símbolo de diamante oprima **menu** y seleccione las pantallas que se muestran.

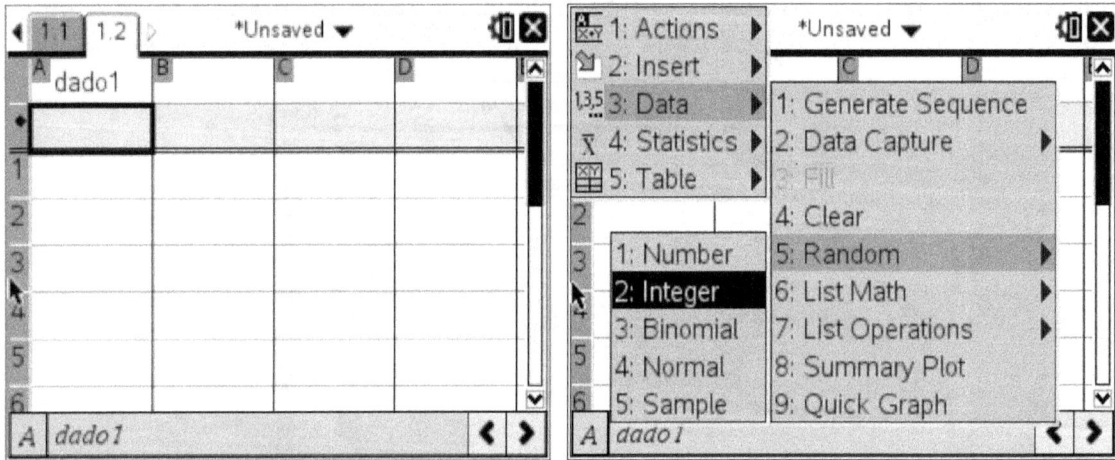

f. Oprima (enter) para colocar la instrucción **randInt(** en la casilla de diamante, posteriormente complete la instrucción con los números randInt(1,6,100), recuerde que la coma se encuentra al lado izquierdo de la letra O en el teclado de letras de la calculadora, por último oprima (enter) para poder llenar la columna con los cien datos. Es importante recordar a los estudiantes que el proceso realizado representa una notación matemática que en el lenguaje de programación es la construcción de una instrucción. La construcción de la instrucción en la columna A de **randInt**(1,6,100) ordena a la calculadora TI-Nspire ejecutar una simulación, la misma es un proceso equivalente a crear una lista de cien números que representan los lanzamientos de cien veces un dado. Este proceso es más rápido que lanzar un dado cien veces en el salón. Además, deseamos analizar la suma de los números que se obtienen al lanzar dos dados cien veces, por lo tanto, el proceso requiere repetir los pasos anteriores para la columna B, con la única diferencia que llamamos la columna B: dado 2.

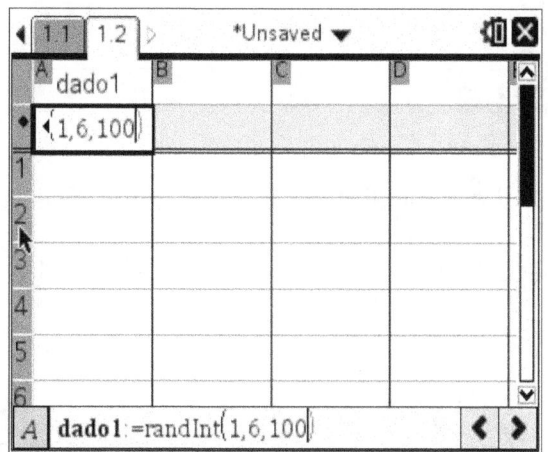 

g. Oprima (enter) en el rectángulo que contiene el nombre de la columna B para identificarla como: dado 2. Luego proceda a colocar la instrucción **randInt**(1,6,100) en la fila de diamante correspondiente a la columna B, por último oprima (enter) para poder llenar la columna con los cien datos.

h. Oprima (enter) en el rectángulo que contiene el nombre de la columna C para identificarla como: suma. Luego en la fila de diamante de la columna C proceda a colocar la fórmula: dado1 + dado2 y oprima (enter), esto creará la suma de los números en las columnas A y B respectivamente. Ya que la columna C contiene cien datos, analizar los mismos como parte de un proceso de probabilidad

Integración de la calculadora TI-Nspire en la enseñanza de matemática

experimental requerirá utilizar otra aplicación de la calculadora. Explique a los estudiantes que estamos listos para crear una representación visual de los datos, para investigar esta probabilidad.

i. Deseamos analizar los resultados y realizar predicciones y conjeturas para experimentos que estén bajo condiciones similares, esto último requerirá graficar un diagrama de puntos.

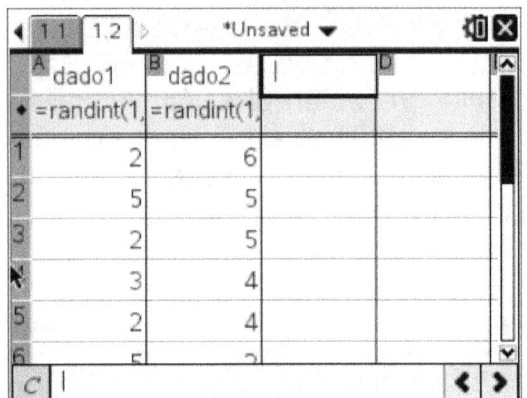
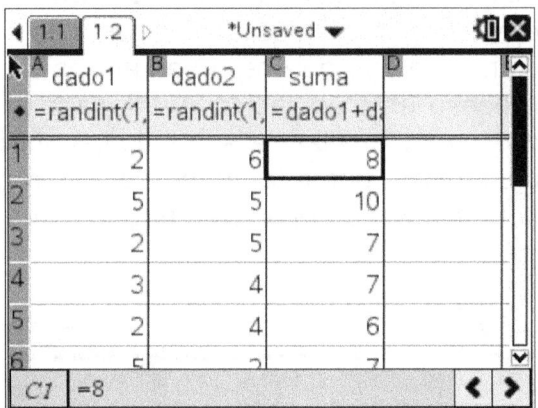

j. Para crear el diagrama de puntos, coloque el cursor en la celda que llamamos: suma. Presione *menu* y complete los pasos que se muestran para activar la herramienta de **Quick Graph**.

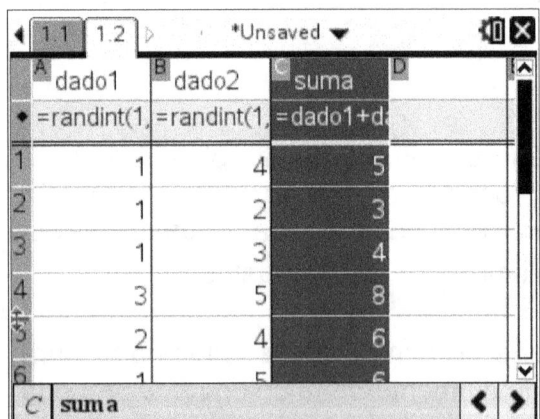
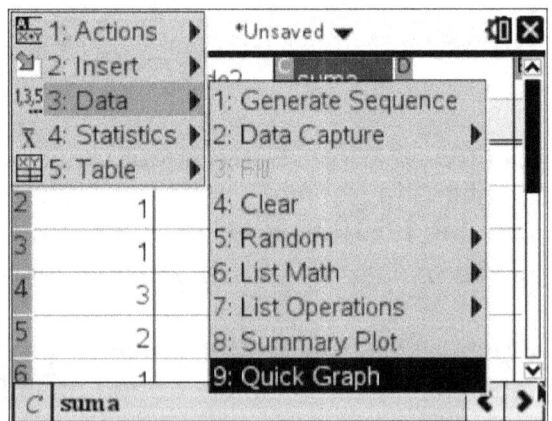

k. Hemos creado un diagrama de puntos, deseamos modificar un poco la pantalla para acomodarla y apreciar mejor la gráfica. Opima la tecla **doc**, #5: **Page Layout** y seleccione la opción 1: **Custom Split**, desplace el cursor un poco hacia la izquierda de la pantalla que muestra el diagrama de puntos. Se pueden apreciar en el eje horizontal los números correspondientes a la suma de los dos dados.

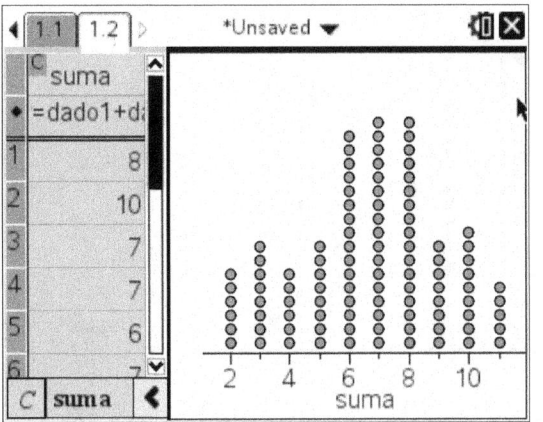 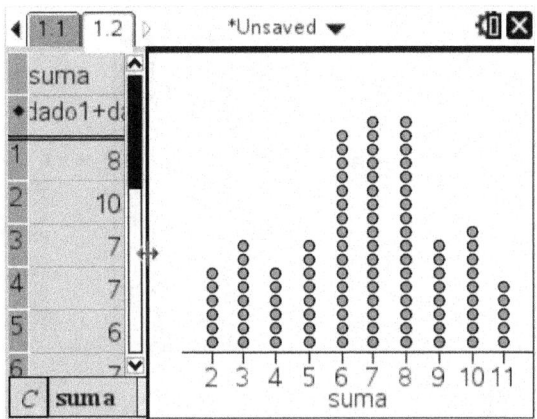

l. Calcularemos la mediana para contemplar el lugar que esta medida de tendencia central ocupa en la distribución de los datos. Coloque el cursor en la gráfica y presione (menu) y complete los pasos que se muestran para activar la herramienta de **Plot Value**. Esta herramienta activa una función que indica v1:=, escriba la palabra **median** usando el teclado de letras y luego abra paréntesis y escriba la palabra **suma**, por último, presione (enter).

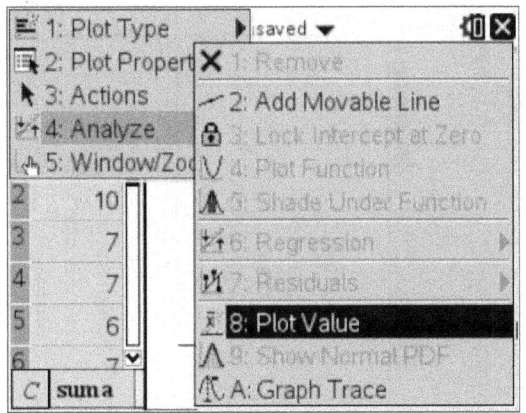 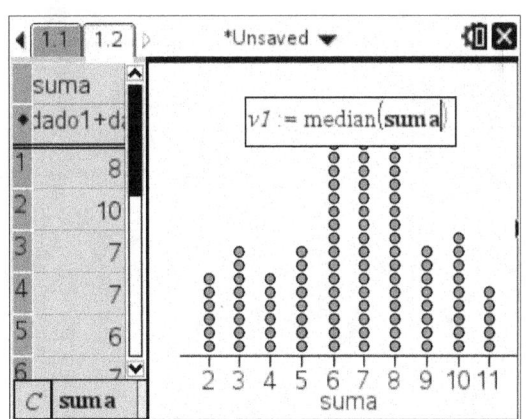

m. Observe el lugar que ocupa la mediana en la distribución de los datos. Está ilustrada por la línea vertical sobre los datos que representan la mediana (en este caso 7).

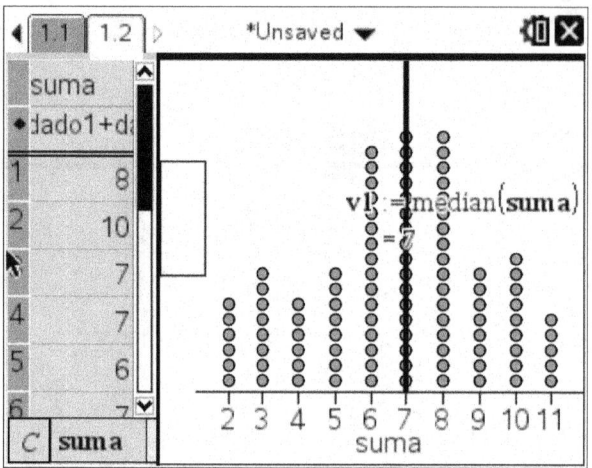

n. Calcularemos el promedio para contemplar el lugar que esta medida de tendencia central ocupa en la distribución de los datos. Presione (menu) y complete los pasos que se muestran para activar la herramienta de **Plot Value**. Esta herramienta activa una función que indica v2:=, escriba la palabra **mean** usando el teclado de letras y luego abra paréntesis y escriba la palabra **suma**, por último, presione (enter). Verá las pantallas que siguen:

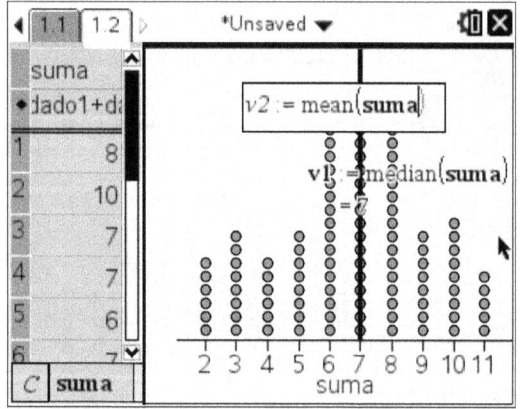 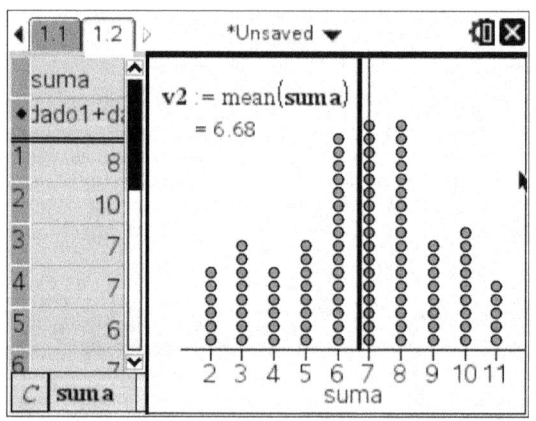

o. Las siguientes son algunas preguntas que puede formular a sus estudiantes:

1. ¿Cómo la mediana y el promedio ayudan a interpretar los datos de nuestro experimento?

2. ¿Cuál es el número que tiene mayor probabilidad de salir al considerar la suma cuando se lanzan dos dados? ¿Por qué? Explica.

p. **Práctica**: Solicite a los estudiantes que repitan la actividad anterior con las siguientes variantes:

1. Una semilla con un número distinto.
2. Lance los dos dados un número mayor de 100 veces (la capacidad máxima de generar números aleatorios de la TI-Nspire en una lista de la hoja electrónica de cálculo es 2500 números).
3. Formule las preguntas anteriores considerando los parámetros que utilizó en el nuevo experimento.

Notas al maestro:

- Esta actividad la puede realizar generando números aleatorios de forma "regular", esto es, sin "sembrar la semilla", como se hizo en ésta. El propósito de este particular, fue mostrar que se puede controlar la "supuesta aleatoriedad" de los números "aleatorios" que generan las calculadoras.

- Observe que según la probabilidad teórica, la suma que tiene la mayor probabilidad de ocurrir es el **7**. A continuación se muestra una tabla que ilustra el por qué de este particular. Los números que están en la primera fila y en la primera columna representan los seis posibles números que se obtienen cuando se lanza un dado.

	1	2	3	4	5	6
1	2	3	4	5	6	**7**
2	3	4	5	6	**7**	8
3	4	5	6	**7**	8	9
4	5	6	**7**	8	9	10
5	6	**7**	8	9	10	11
6	**7**	8	9	10	11	12

Integración de la calculadora TI-Nspire en la enseñanza de matemática

Extensión

Esta es una buena oportunidad para compartir con los estudiantes aspectos relacionados con el juego de la loto en Puerto Rico. Recuerde que en este juego se seleccionan 6 números de una lista de 46, sin reemplazo, esto es, no se repiten los números que han salido. Necesitamos indicarle a la calculadora estas especificaciones para realizar la simulación correcta.

1. Encienda la calculadora y abra la aplicación **List & Spreadsheet**.
2. Asígnele el nombre loto a la primera columna y oprima (enter).

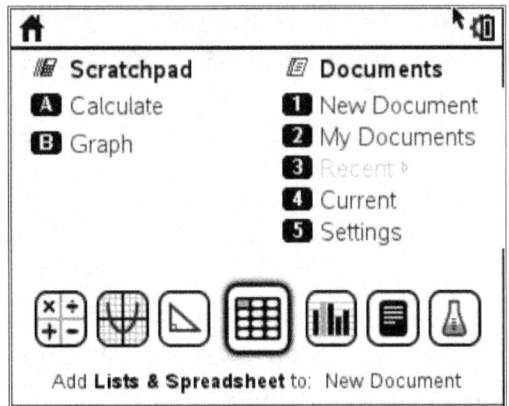
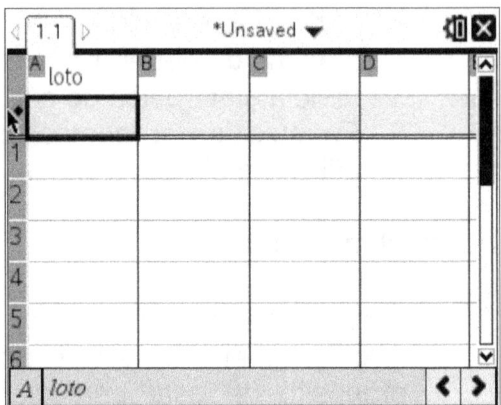

3. Coloque el cursor en la celda donde está el diamante oprima (menu) seleccione la opción 3: Data, luego la opción 1: Generate Sequence y (enter) En la ventana de Sequence escriba los números que se muestran en la pantalla que sigue. Oprima Ok.

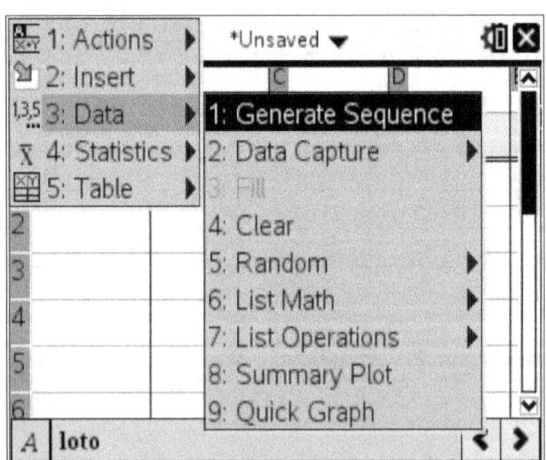

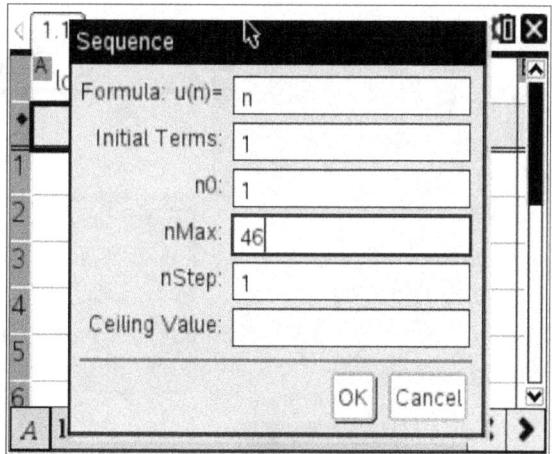

3. Observará a siguiente pantalla:

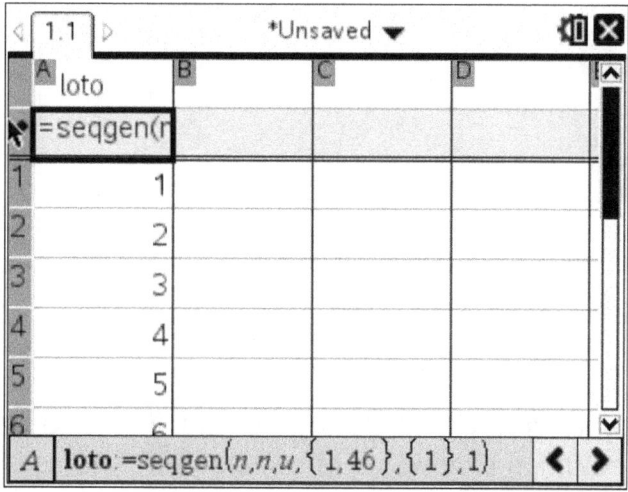

Ha generado la lista de números naturales del 1 al 46. Estos son los números de dónde se seleccionan los premiados en el sorteo de la loto en Puerto Rico.

4. Oprima Home, seleccione el ícono de calculadora, oprima menú, seleccione la opción: **Probability**, **Random**, **Sample**, según se muestra a continuación. Oprima **enter** para obtener la pantalla que se muestra.

Integración de la calculadora TI-Nspire en la enseñanza de matemática

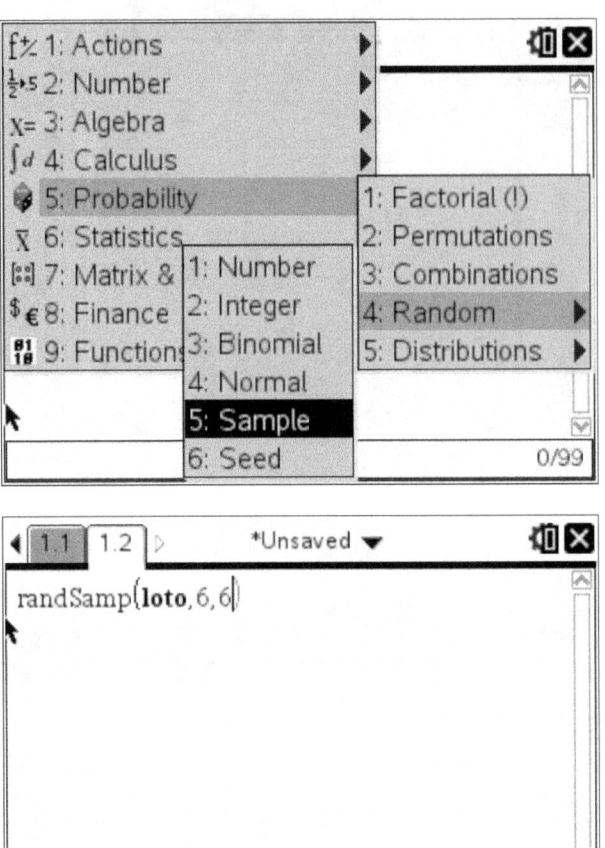

El comando: **randSamp (**loto, 6, 6) significa que de la lista llamada **loto**, le estamos pidiendo a la calculadora 6 números y el segundo 6 indica que los 6 números son SIN reemplazo.

5. Oprima **enter** para obtener los seis números. Indique a los estudiantes que opriman **enter** en varias ocasiones. A continuación se muestra una posibilidad de los números generados.

Integración de la calculadora TI-Nspire en la enseñanza de matemática

randSamp(*loto*,6,6)	{15,23,9,40,4,11}
randSamp(*loto*,6,6)	{24,35,6,18,45,20}
randSamp(*loto*,6,6)	{37,25,5,39,32,12}
randSamp(*loto*,6,6)	{29,36,37,45,43,38}
randSamp(*loto*,6,6)	{46,12,14,39,21,16}
randSamp(*loto*,6,6)	{14,16,30,13,44,46}
randSamp(*loto*,6,6)	{43,38,13,34,42,40}

6. Fomente una discusión y guíe a los estudiantes a concluir que son muchas las combinaciones que se generan en este juego.

7. Indique que con la fórmula de combinaciones podemos determinar la cantidad exacta de estas en el juego.

$$C(n,r) = \frac{n!}{r!\,(n-r)!}$$

8. Le pedimos a la calculadora que determine este valor. A continuación los pasos que seguirá. Recuerde que primero oprime (menu)

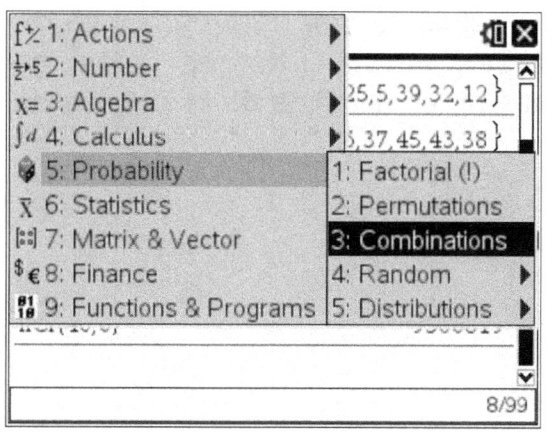
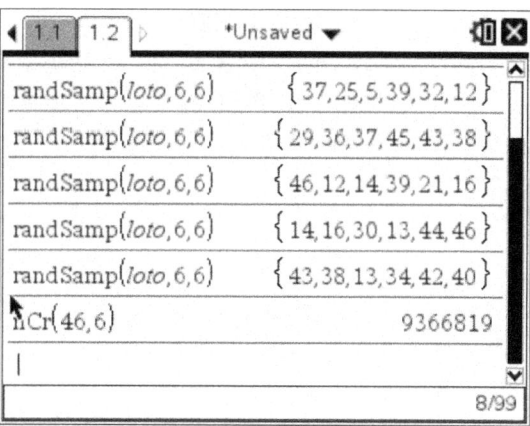

Por lo tanto, la probabilidad de pegarse en la loto es:

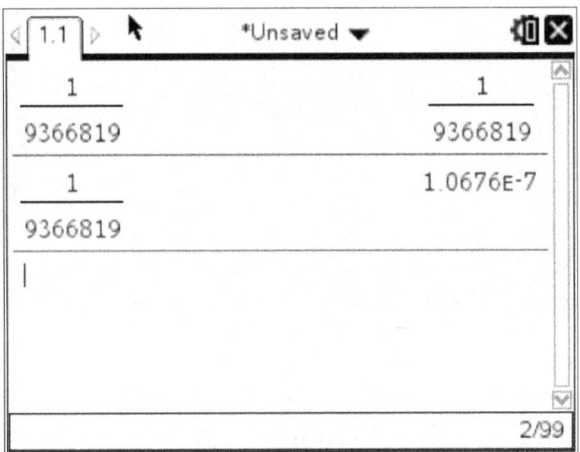

Esto es aproximadamente: 0.0000001.

9. Por otro lado, retomando el concepto de semilla y aplicado a este contexto, crearemos una semilla utilizando, digamos el número 34. Presione `menu` para sembrar la semilla. Cuando active la herramienta de Seed, escriba el número 34 y presione `enter`, posteriormente podrá ver la palabra Done (Este procedimiento indica a la calculadora desde qué número seleccionará estos de una lista).

En este preciso momento usted estableció una ruta en la lista de probabilidades que genera la calculadora TI-Nspire. Todos los estudiantes deben de haber obtenido los números de la loto que se muestran.

Integración de la calculadora TI-Nspire en la enseñanza de matemática

```
randSamp(loto,6,6)        {43,38,13,34,42,40}
nCr(46,6)                              9366819
RandSeed 34                               Done
randSamp(loto,6,6)        {15,2,44,46,38,18}
randSamp(loto,6,6)        {7,35,38,2,31,42}
randSamp(loto,6,6)        {40,32,11,30,15,22}
                                           12/99
```

10. Observe las aplicaciones que tiene la matemática en la vida, en particular, hasta para los juegos de azar, como hemos visto en esta actividad.

NOTA: Es importante repasar la definición de un número factorial. En particular, **n!** se define como: **n (n − 1) (n − 2) (n − 3)……..1**. Esto es, es el producto de todos los enteros positivos desde el número dado hasta el número 1.

Ejemplo:

3! = 3 x 2 x 1 = 6

4! = 4 x 3 x 2 x 1 = 24

5! = 5 x 4 x 3 x 2 x 1 = 120 y así sucesivamente.

Observe que por la naturaleza de la definición los números factoriales crecen rápidamente.

Actividad 4: Maximizar área investigando un problema en contexto

Nivel: Intermedio y Superior

Objetivos específicos:

1. Usar la calculadora gráfica TI-Nspire para:
    a. Realizar una construcción geométrica que garantice unos parámetros fijos.
    b. Recopilar información de los parámetros de una construcción geométrica.
    c. Analizar los parámetros de una construcción geométrica.
    d. Graficar para determinar si hay una relación o tendencia entre pares de datos.
2. Explorar problemas relacionados con maximización de áreas para superficie de rectángulos.
3. Relacionar los conceptos de perímetro y área de un rectángulo en problemas de maximización.
4. Graficar diagramas de dispersión para determinar si hay una relación o tendencia entre pares de datos.
5. Identificar relaciones cuadráticas basándose en la información de tablas, formas simbólicas o representaciones gráficas.
6. Graficar funciones cuadráticas y analizar el eje de simetría.

Estándares atendidos:

<u>Séptimo grado:</u>
9.0 Formula enunciados generales que relacionan figuras de dos y tres dimensiones usando sus características y propiedades.

    G.FG.7.9.1 Formula enunciados generales que describen las propiedades de los círculos, polígonos, prismas, pirámides, conos, esferas y cilindros.

15.0 Aplica los conceptos de perímetro, área de superficie y volumen para medir figuras.

    M.TM.7.15.1 Investiga, establece conjeturas y aplica las fórmulas para determinar perímetro, área de figuras bidimensionales básicas (rectángulos, paralelogramos, trapecios, trapezoides, triángulos) y el área de superficie y el volumen de figuras tridimensionales (prismas, pirámides y cilindros).

M.TM.7.15.3 Formula y aplica los enunciados generales relacionados con cambios de escala en las dimensiones de una figura a cambios en el perímetro, área, circunferencia, área de superficie y el volumen de la figura resultante.

Octavo grado:
9.0 Utiliza una gran variedad de representaciones para describir figuras geométricas y analizar las relaciones entre ellas.

G.MG.8.9.4 Utiliza redes, dibujos, modelos e imágenes creadas con la tecnología para representar figuras geométricas y analizar las relaciones entre ellas.

Noveno grado:

4.0 Aplica métodos matemáticos de prueba para desarrollar justificaciones para los teoremas básicos de la geometría euclidiana.

G.FG.9.4.1 Establece conjeturas basadas en la exploración de situaciones geométricas, con y sin tecnología.

Décimo grado:

13.0 Toma decisiones sobre las unidades y escalas que son apropiadas para una situación de problema que involucra medición.

Materiales y equipo:

- ✓ Una calculadora TI-Nspire CX CAS para cada participante.
- ✓ Calculadora de proyección TI-Nspire CX CAS y una computadora
- ✓ Proyector digital

Introducción: La tecnología presente en la calculadora TI-Nspire permite recrear las condiciones de un problema con el objetivo de generar múltiples representaciones de un mismo concepto. Existen tres representaciones conceptuales que todo educador que desea comunicar una idea matemática debe garantizar, estas son, tabular, graficar y simbólica.

Situación: Deseamos construir un gallinero en forma de rectángulo y tenemos 48 pies de verja. Las dimensiones que escojamos deben garantizarnos que consigamos el área más grande posible. ¿Cuáles serían las dimensiones del rectángulo que satisfacen las condiciones del problema?

El desarrollo de esta actividad permitirá descubrir una manera de resolver este problema utilizando la calculadora TI-Nspire. Además, el análisis de este tipo de situación ayudará a desarrollar estrategias similares que se pueden aplicar en otros contextos. Esto es, el mismo es uno flexible en el cual se pueden modificar los parámetros y realizar un análisis similar.

1. **Representar la situación en la calculadora**

    a. Realizaremos una construcción geométrica en la calculadora que contenga las condiciones de la situación antes descrita. Comenzaremos por abrir la aplicación "**Graphs**" (no la opción del **Scratchpad**), luego oprima (esc) para desactivar el graficado de funciones. Presione (menu) y complete los pasos que se muestran para ajustar la pantalla a una ventana que permita modelar el problema. Al finalizar los ajustes de la pantalla oprima OK.

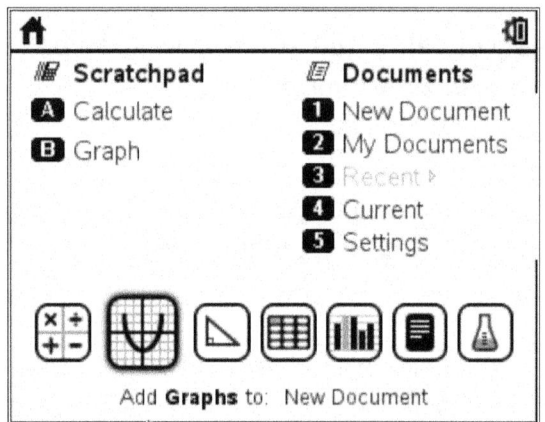
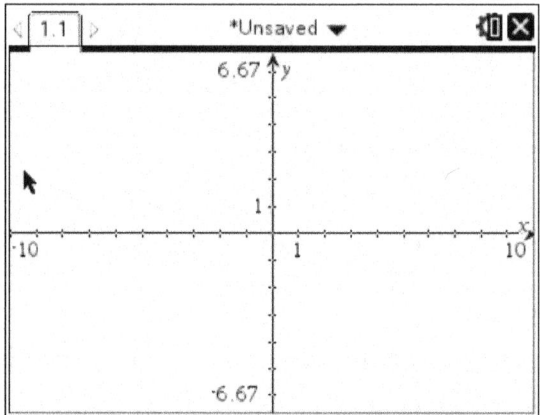

Integración de la calculadora TI-Nspire en la enseñanza de matemática

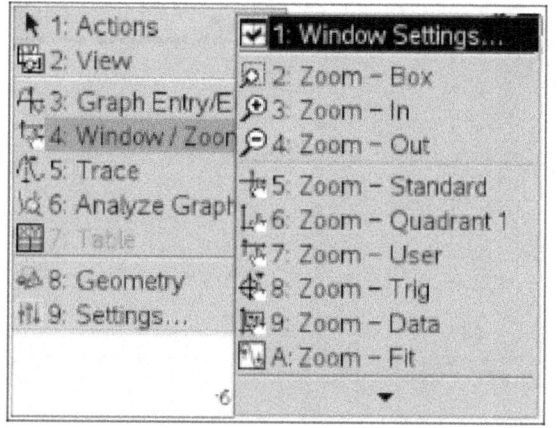
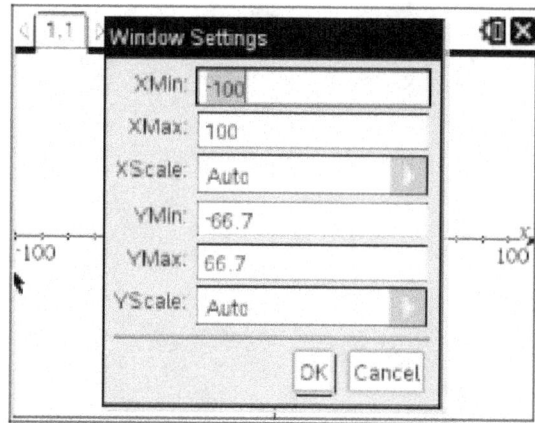

b. Las condiciones del problema solo se pueden modelar en el primer cuadrante, por lo tanto, colocando el cursor en cualquier lugar de este cuadrante y oprimiendo la tecla ⌘ por unos segundos, activaremos la herramienta de arrastre y desplazaremos el sistema de coordenadas rectangulares como se muestra en la figura.

Presione (menu) y en la opción **Geometry**: **Points & Lines: Segment**, active la herramienta de construir segmentos como se muestra. Construya un segmento cuyo punto inicial se encuentre en el origen y su punto final en cualquier parte del eje de x.

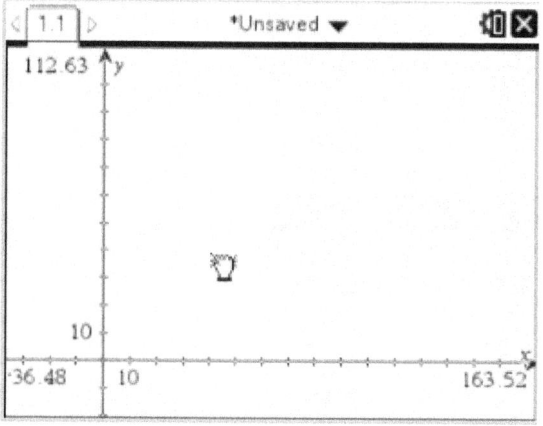
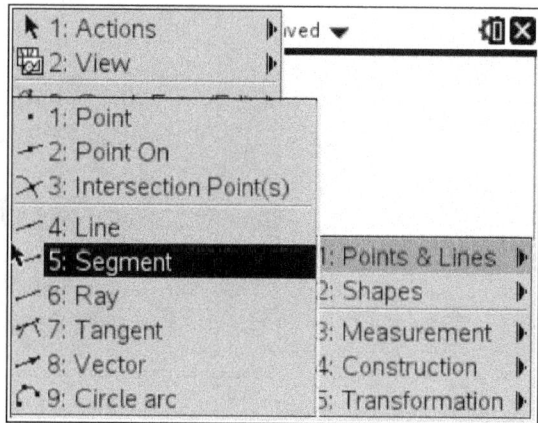

Integración de la calculadora TI-Nspire en la enseñanza de matemática

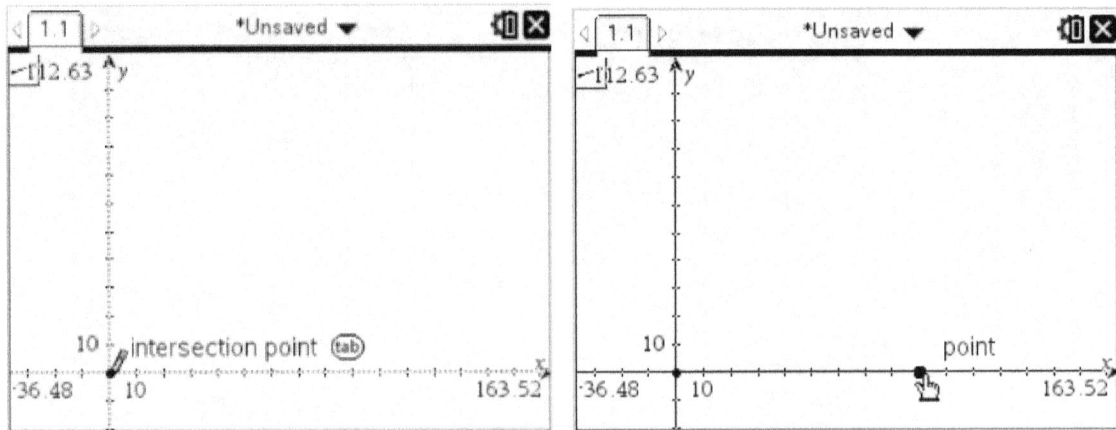

c. Presione (menu) y en la opción **"Actions"** seleccione **"Coordinates and Equations"** esta herramienta permitirá calcular las coordenadas del punto final del segmento que no está situado en el origen. Coloque el cursor sobre el mencionado punto y oprima (enter) dos veces, la primera vez confirmará la selección del punto y la segunda vez colocará el par ordenado en el lugar deseado. Es importante destacar que la figura que usted construya en este momento no tiene que tener las mismas dimensiones que la que se muestra a continuación.

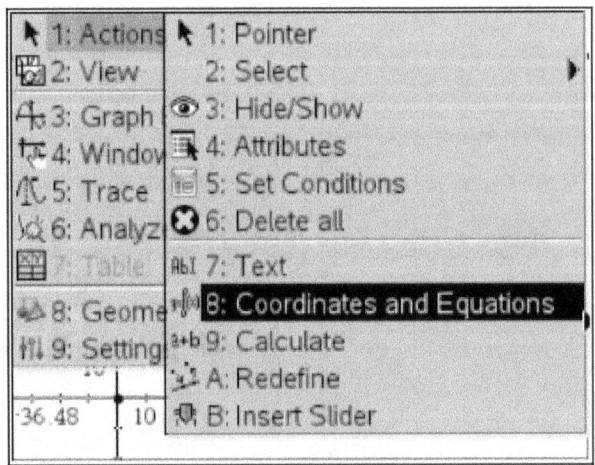

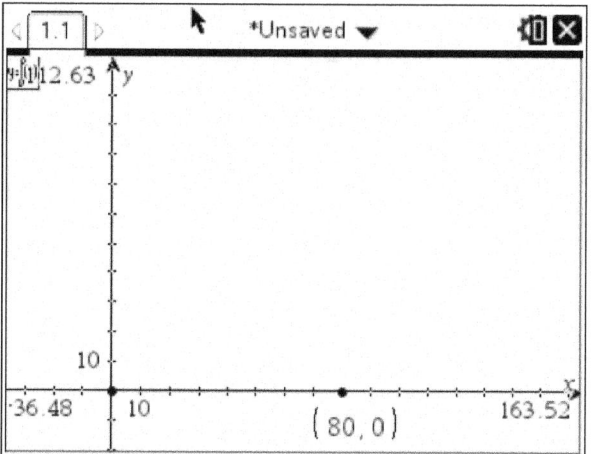

d. La coordenada en *x* del punto que acabamos de construir la convertiremos en la mitad del perímetro de nuestro problema, para lograr este objetivo oprima (esc) para desactivar la herramienta **"Coordinates and Equations"**. Coloque el cursor en la coordenada en *x* del par ordenado y oprima (enter) dos veces para lograr acceso al valor, escriba 24 y oprima (enter).
Arrastre las coordenadas (24, 0) y colóquela cerca del punto.

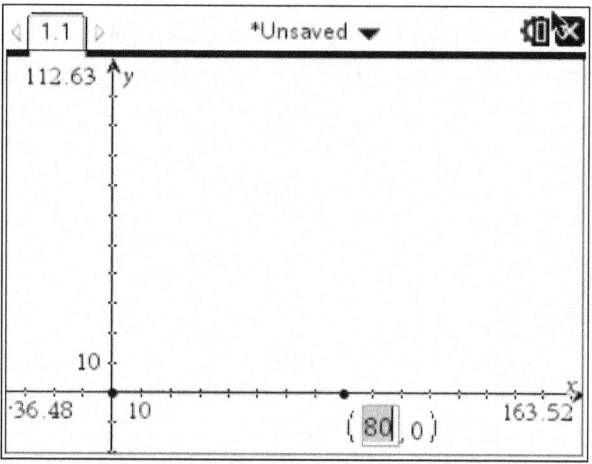

Integración de la calculadora TI-Nspire en la enseñanza de matemática

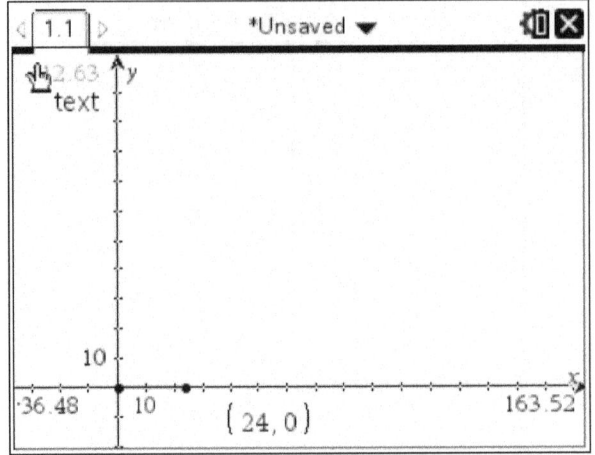

e. Crearemos un punto que esté en el segmento que acabamos de construir, este punto será el lugar por el cual modificaremos las dimensiones del rectángulo que representará las condiciones de nuestra situación. Presione (menu) y **Geometry**: **Points & Lines: Point On**, coloque el cursor sobre el segmento y oprima dos veces (enter) para crear el punto, luego oprima (esc) para desactivar la herramienta. Colocando el cursor en el punto que acabamos de construir y oprimiendo la tecla por unos segundos activaremos la herramienta de arrastre y desplazaremos el punto en el segmento para verificar que la construcción está correcta. Esto es, mueva la manita y observe lo que sucede con el punto.

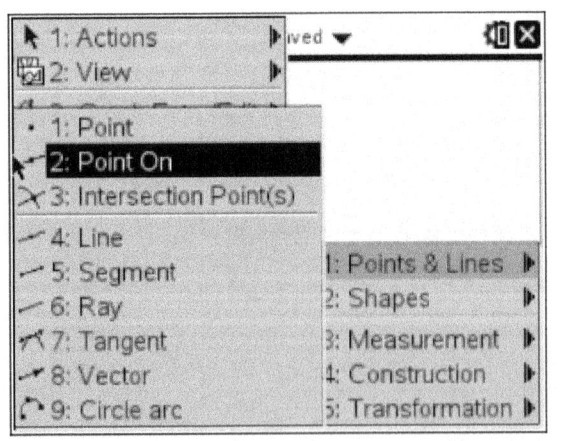
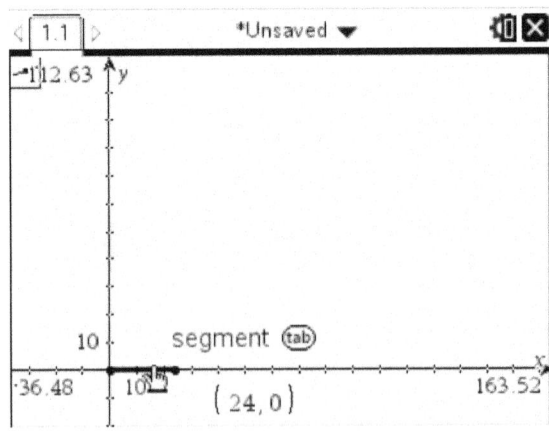

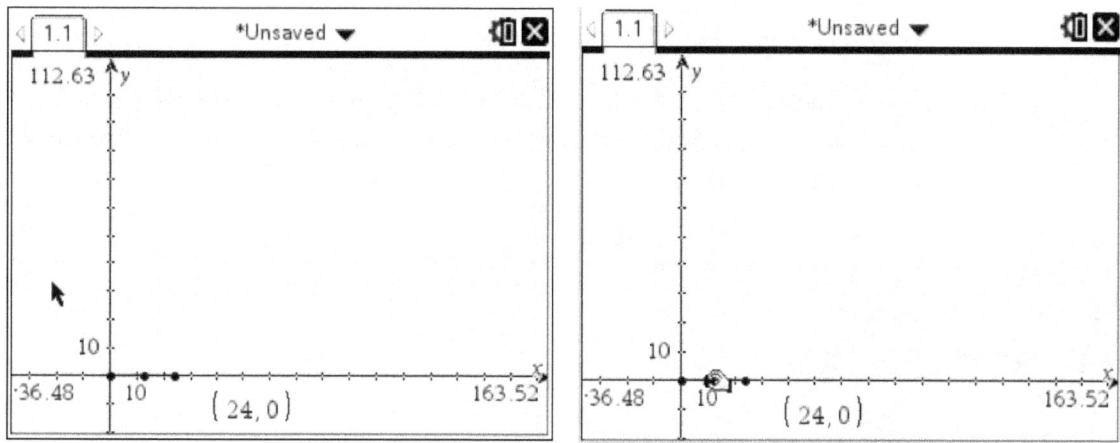

f. Activaremos la herramienta de creación de círculos para garantizar que la construcción de nuestro rectángulo posea las características deseadas. Oprima **menu** **Geometry: Shapes**: **Circle** y construya un círculo cuyo centro sea el punto que acaba de crear en el segmento y uno de sus extremos esté en el punto (24, 0). Oprima **esc** para desactivar la herramienta de círculos. Debe obtener lo que se muestra en las siguientes pantallas:

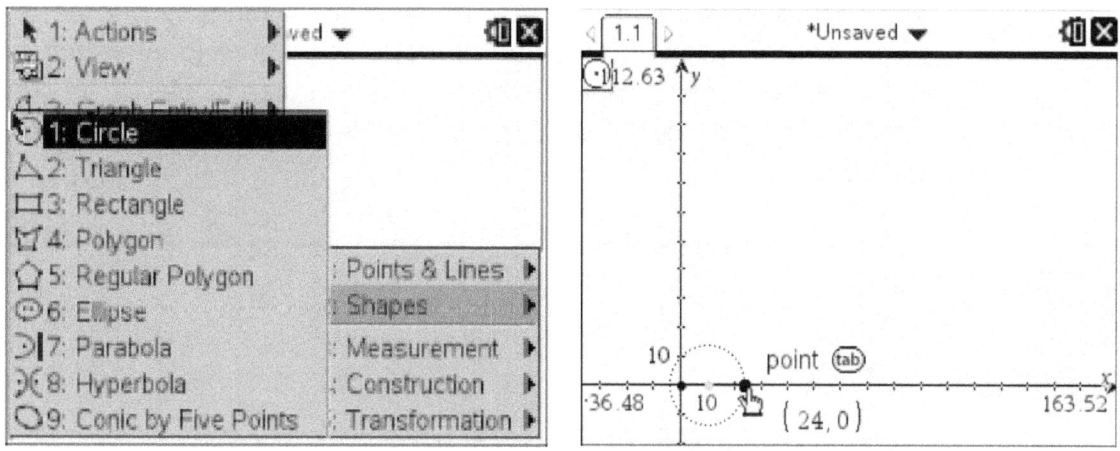

g. Construiremos una línea recta que sea perpendicular al eje de x y que pase por el centro del círculo. Oprima **menu Geometry**: **Construction**: **Perpendicular**, una vez activada la herramienta de rectas perpendiculares coloque el cursor en el centro del círculo y oprima dos veces (enter) para crear una recta perpendicular al eje de x que pase por el centro del círculo. Oprima (esc) para desactivar la herramienta de rectas perpendiculares. Debe obtener las pantallas que se muestran.

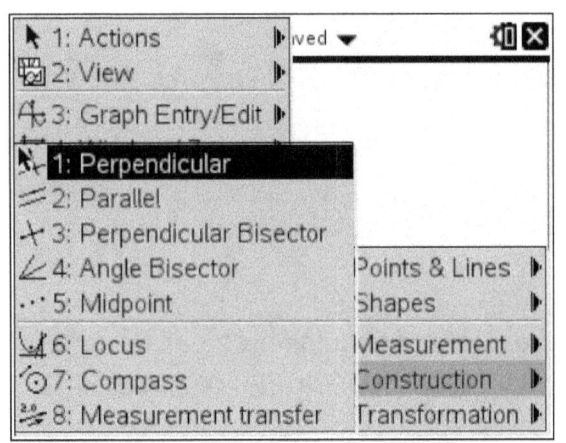 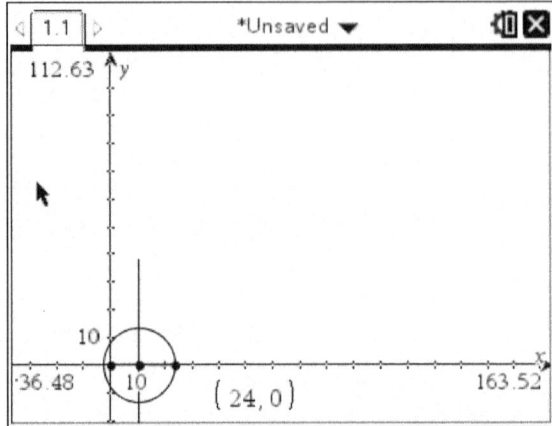

h. Crearemos el punto de intersección entre el círculo y la línea recta que acabamos de construir, el cual se encuentra en el primer cuadrante. Oprima **menú**: **Geometry**: **Points & lines: Intersections Points**, una vez activada la herramienta, coloque el cursor sobre la circunferencia del círculo y oprima (enter), observará que el círculo comienza a "parpadear", ya que ha sido seleccionado, esto es, el programa espera que le indique con qué otra figura lo intersecará. Repita este proceso para la recta perpendicular al eje de x y el círculo. Observe que los dos puntos de intersección han sido resaltados.

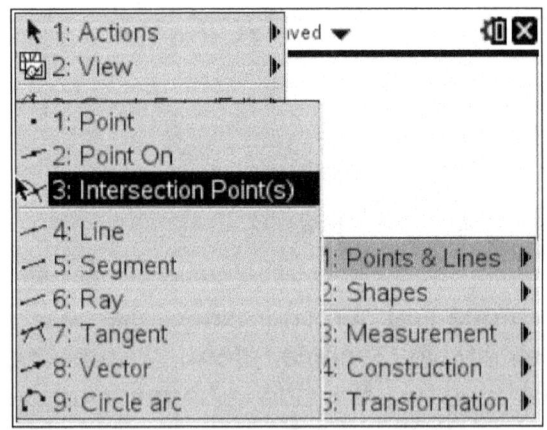 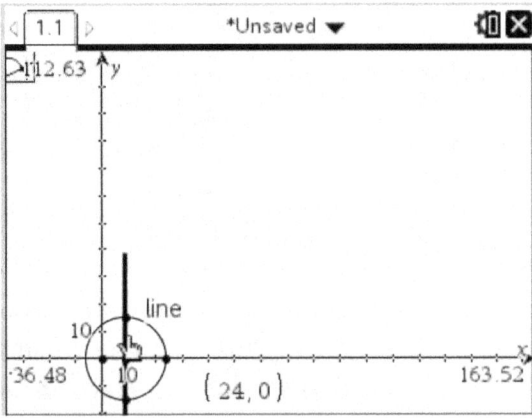

i. Construiremos una línea recta que sea perpendicular al eje de **y** y que pase por el punto de intersección que acabamos de crear en el primer cuadrante. Oprima (menu) **Geometry: Construction: Perpendicular**, una vez activada la herramienta de rectas perpendiculares, coloque el cursor en el punto de intersección que acabamos de crear en el primer cuadrante y oprima dos veces (enter) para crear una recta perpendicular. Observe las figuras que se muestran.

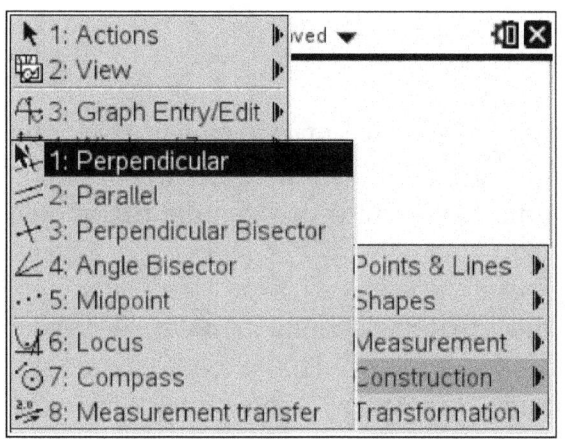
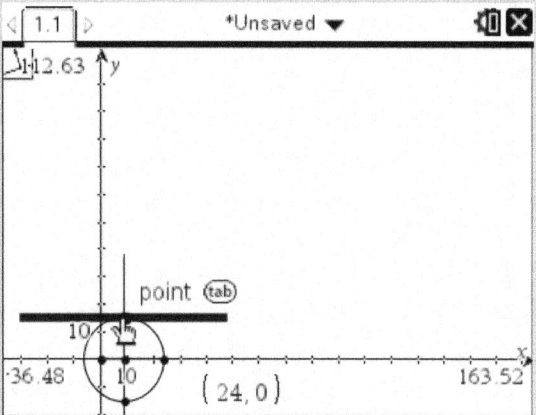

j. Crearemos el punto de intersección que se encuentra en el eje de **y** y la línea perpendicular a éste. Oprima (menu) **Geometry: Points & lines: Intersections Points**, una vez activada la herramienta coloque el cursor sobre el eje de **y** oprima (enter) luego coloque el cursor sobre la línea recta perpendicular y oprima (enter). Observe las figuras que se muestran.

Integración de la calculadora TI-Nspire en la enseñanza de matemática

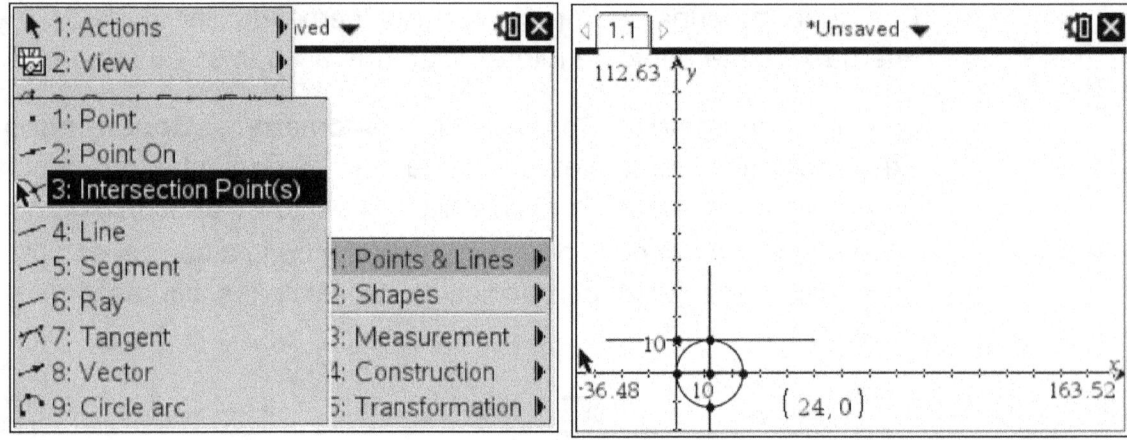

2. Hemos creado el rectángulo que contiene las dimensiones de nuestro problema, a continuación ocultaremos todo contenido que no sea necesario para analizar el problema y rotularemos los cuatro vértices del rectángulo con las letras ABCD.

   a. Seleccione (menu) **Actions: Hide/Show**, oprima la tecla sobre todos los elementos que aparecen en la pantalla excepto los cuatro puntos que forman el rectángulo de interés. Debe obtener la figura que se muestra a continuación

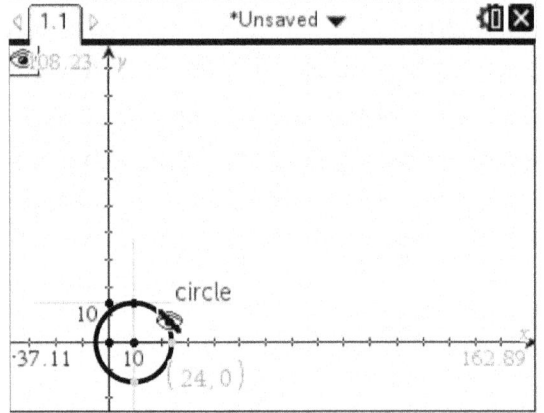 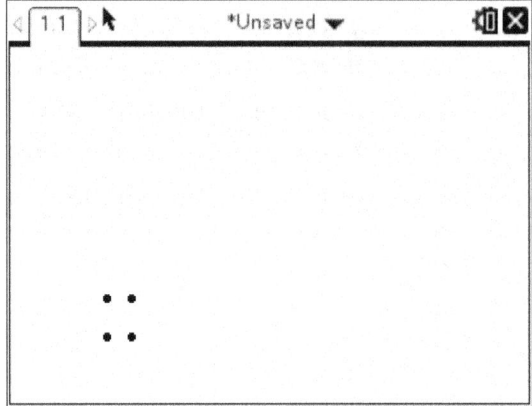

b. Rotularemos los vértices de esta figura. Oprima (menu) **Actions**: **Text** coloque el cursor encima de cada punto y asegúrese que observa la palabra **point**. Encima de cada punto oprima (enter) y escriba en letra mayúscula los vértices como se muestra. Oprima (menu) **Geometry: Shapes: Polygon** y presione sobre los cuatro vértices del rectángulo, por ejemplo comience en el punto A y termine en este.

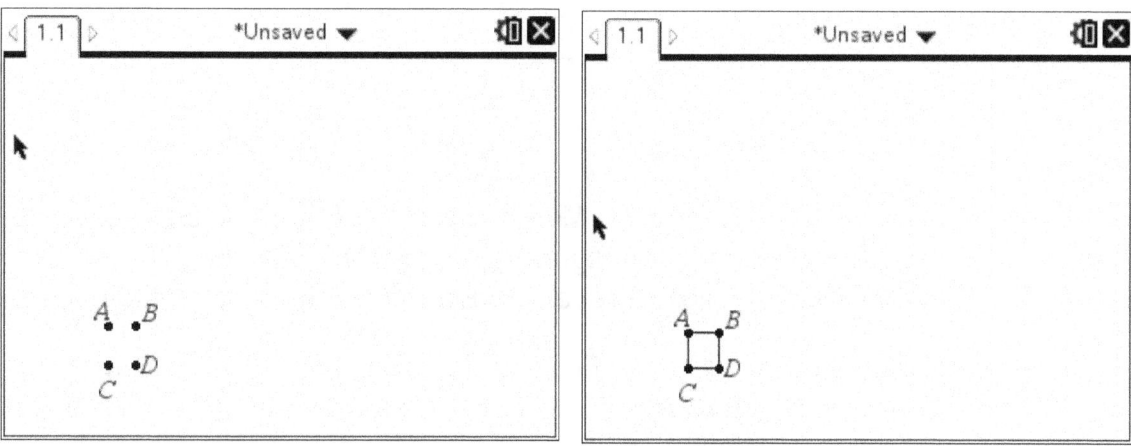

c. Determinaremos las siguientes medidas para esta figura: perímetro, medida de dos de los lados consecutivos y el área. Oprima (menu) **Geometry: Measurement: Lenght**, coloque el cursor encima del rectángulo, note que todo el contorno de la figura se sombrea y aparece la frase "polygon ABCD". Oprima (enter), la calculadora le indicará el perímetro de la figura. Escriba la palabra Perímetro utilizando (menu), **Actions: Text**. La siguiente figura muestra dónde colocar este perímetro.

Integración de la calculadora TI-Nspire en la enseñanza de matemática

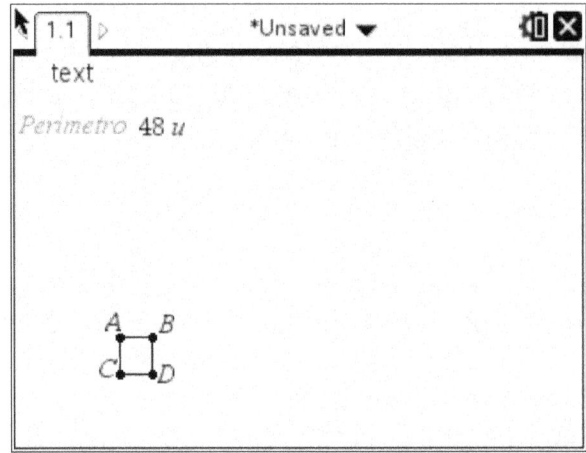

d. Para encontrar la medida de dos lados consecutivos de la figura, oprima (menu) **Geometry: Measurement: Lenght**, coloque el cursor sobre el contorno de la figura, y oprima tab para moverse por cada lado de ésta. Solicite a la calculadora que le brinde la medida de dos lados consecutivos. Finalmente, oprima (menu), **Geometry: Measurement: Area** y determine el área del rectángulo Escriba las palabras: Lado 1, Lado 2 y Area, utilizando (menu), **Actions: Text**. Una opción de lo que obtendrá, se muestra en la figura la sigue.

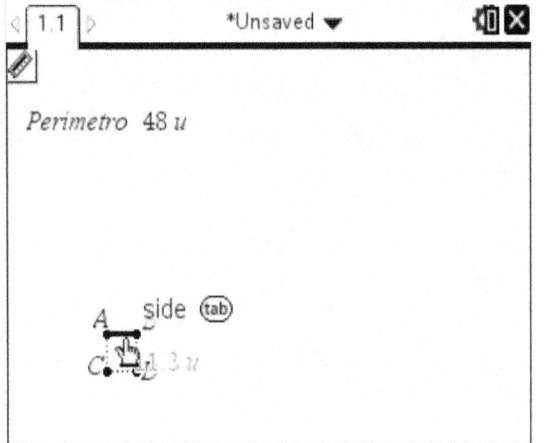 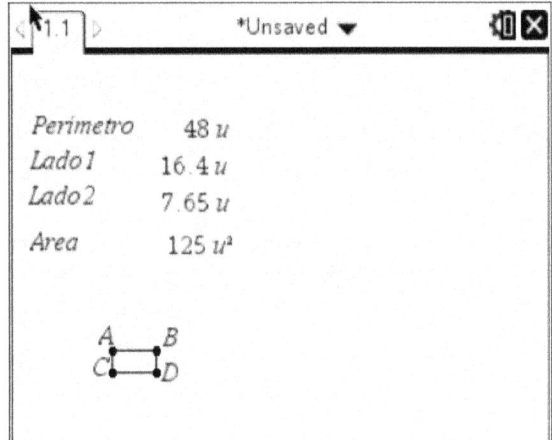

e. Coloque el cursor en el vértice D y muévalo horizontalmente. ¿Qué observa con las medidas de los lados de la figura?, ¿Del perímetro? ¿Del área? ¿Por qué sucede este comportamiento? Justifique su respuesta.

f. Para efectuar los próximos pasos, necesitamos asignarle una variable a la medida de los lados consecutivos y al área. Para realizar este particular, coloque el cursor sobre una de las medidas de los lados, asegúrese que se ennegrezca la misma, oprima la tecla (sto→ var), y seleccione la opción **Store Var** (enter), escriba la letra l (puede ser otra variable si lo desea), luego oprima (enter). Observará que la variable se coloca en negrillas. Luego coloque el cursor sobre la medida del otro lado, realice el mismo proceso anterior y asígnele la variable w (puede ser otra si lo desea). Finalmente, asígnele al área la letra a y oprima (enter).

3. Deseamos realizar un análisis de los datos obtenidos en este problema. Usaremos una hoja electrónica de cálculo y la gráfica para este propósito. Comencemos insertando una hoja de cálculo.

    a. Oprima crtl I para insertar una nueva hoja, seleccione **Add Lists & Spreadsheet**. Coloque el cursor en la celda A y escriba Lado 1. Coloque ahora el cursor en la celda que está bajo la anterior (la que tiene un diamante) y oprima las pantallas que se muestran. Esto es, oprimirá **menú**, **Data**: **Data Capture**: **Automatic**, escriba la letra l. Este proceso lo repetirá para las columnas B y C llamándolas **w** y **a** respectivamente. La figura de la derecha muestra un posible ejemplo de lo que obtendrá.

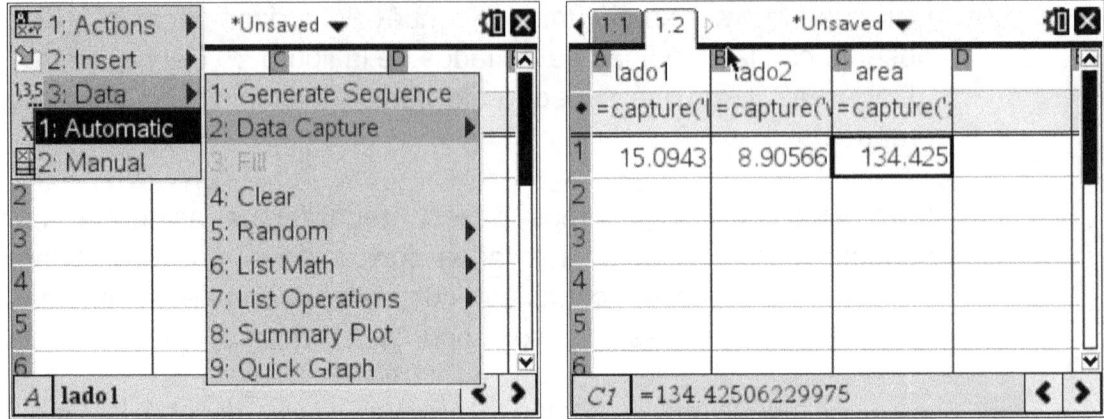

b. Volvamos a la pantalla de geometría (la que tiene el rectángulo). Una forma de regresar a ésta es oprimiendo crtl y la flecha hacia la izquierda. Coloquemos la pantalla de modo que veamos la anterior y el plano cartesiano a la vez. Recuerde que esto lo hacemos oprimiendo **doc**, **Layout**, **Select Layout**, seleccione la segunda opción. Esto es:

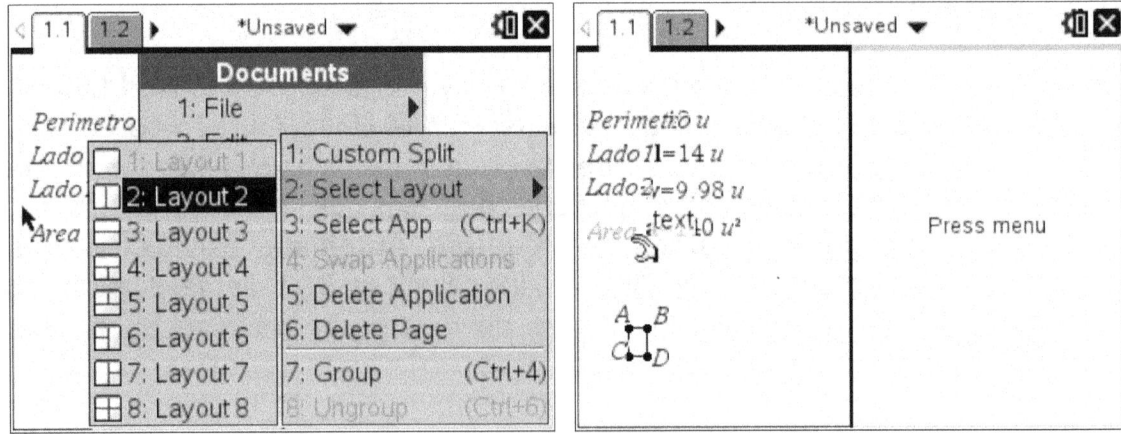

c. Ajustemos la ventana de la pantalla de gráfica. Coloque el cursor en esta pantalla, oprima **menu**, **Window/Zoom**, **Window Settings**. Escriba los valores que se muestran a continuación.

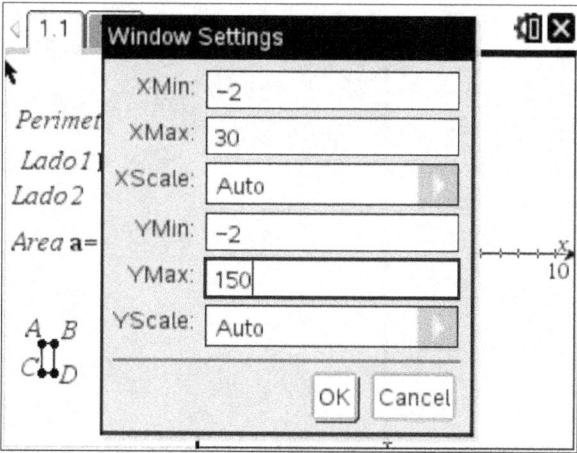

d. Oprima **menu**: **Graph Entry/Edit**: **Scatter Plot**. Verá lo siguiente:

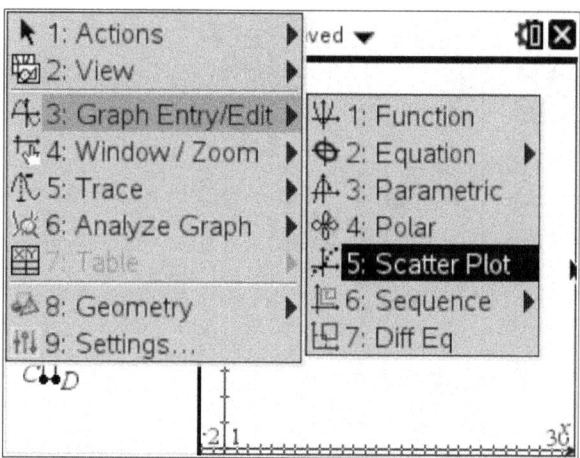

e. Asigne a la **x** el nombre de lado 1 y oprima (enter), luego asigne a la **y** el nombre de area y oprima (enter). Obtendrá lo siguiente:

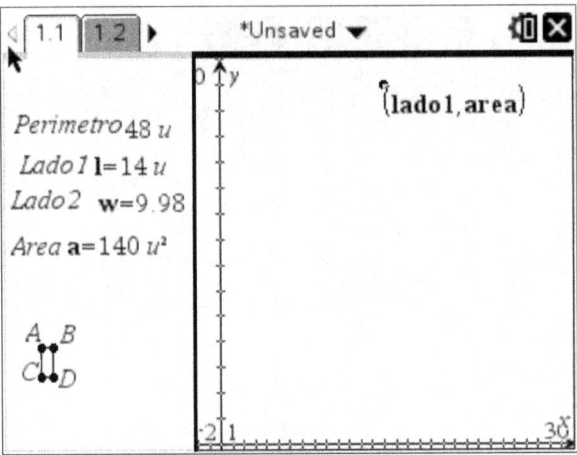

4. Arrastre el punto D horizontalmente. ¿Qué tipo de gráfica generan los datos obtenidos? En la figura que sigue se muestra una opción.

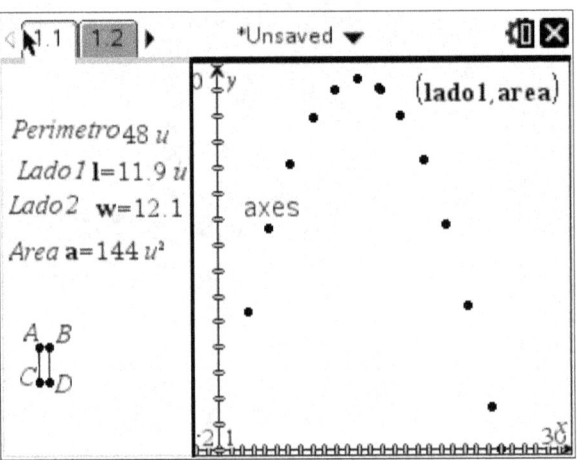

5. Observe que para resolver este problema (área máxima), necesitamos obtener la coordenada de **y** del vértice de esta parábola. Recuerde que las coordenadas del vértice representan: (lado 1, área).

6. Utilice los datos obtenidos y conteste las siguientes preguntas:

   a. ¿Qué transformaciones necesitamos hacer en la gráfica de $f(x) = x^2$, para obtener la gráfica anterior? Efectúelas en la calculadora y obtenga la ecuación que pasa por los puntos anteriores.
   b. Realice el proceso algebraico para encontrar la ecuación anterior. Explique su respuesta.
   c. Utilice la gráfica para determinar el área mayor que tendrá el gallinero si disponemos de 48 pies de verja. Explique el proceso utilizado.
   d. ¿Qué forma tiene el rectángulo cuando el área es máxima? ¿Cuáles son las dimensiones del largo y ancho?

Extensión:

1. Repita esta actividad para un gallinero cuyo perímetro sea de 64 pies.

2. Construya un diagrama de puntos en el cual la **x** sea el área y la **y** sea el lado 1. ¿Qué tipo de gráfica obtuvo? ¿Por qué? ¿Qué función describe este comportamiento? Explique.

Actividad 5: Investigando el concepto de proporcionalidad en triángulos

Nivel: Intermedio y superior

Objetivos específicos:

Durante la actividad, los estudiantes:

1. Estimarán, explorarán y describirán las razones que se forman al construir una línea paralela a un tercer lado de un triángulo.
2. Describirán las proporciones que se forman al construir una línea paralela a un tercer lado de un triángulo.
3. Encontrarán la medida de un segmento, aplicando el teorema de proporcionalidad en triángulos.

Estándares atendidos:

Séptimo grado:

4.0 Resuelve problemas relacionados con razones, proporciones y porcentajes.

N.SN.7.4.3 Describe una proporción como dos razones equivalentes, escribe y resuelve una proporción al solucionar problemas que se relacionen con factores de conversión de escalas y medidas, por cientos y probabilidades.

12.0 Identifica, describe y aplica las relaciones de semejanza para hallar las medidas de las partes correspondientes de figuras semejantes y aplica medidas a escala en dibujos y mapas.

G.TS.7.12.2 Determina la relación proporcional entre las medidas de los lados correspondientes de figuras semejantes.

Octavo grado:

10.0 Desarrolla, prueba y provee justificaciones basadas en el método inductivo y deductivo para establecer **conjeturas que involucran líneas, ángulos y figuras.**

G.FG.8.10.4 Desarrolla y prueba conjeturas sobre ángulos, líneas, bisectrices, polígonos (especialmente triángulos y cuadriláteros) círculos, y figuras tridimensionales.

Materiales y equipo:

- ✓ Una calculadora TI-Nspire CX CAS para cada participante.
- ✓ Calculadora de proyección TI-Nspire CX CAS y una computadora
- ✓ Proyector digital

Introducción: Esta actividad integra la tecnología mediante la calculadora TI-Nspire para promover un aprendizaje activo. Las preguntas que se redactan buscan atender niveles cognitivos altos, enfocando el proceso de enseñanza aprendizaje, como herramienta de solución de problemas y de creación de conocimiento. Utilizando la aplicación de geometría de la TI-Nspire, construiremos un triángulo y exploraremos qué ocurre al construir un segmento paralelo a uno de los lados del triángulo.

Preparación:

Investigaremos las propiedades que tiene un segmento paralelo a un lado de un triángulo. Deseamos utilizar la calculadora TI-Nspire para realizar una construcción geométrica. A continuación un resumen las pantallas de la calculadora que deben ser utilizadas para crear la construcción.

a. Encienda la calculadora y abra la aplicación **Geometry**, esto es, el tercer icono.

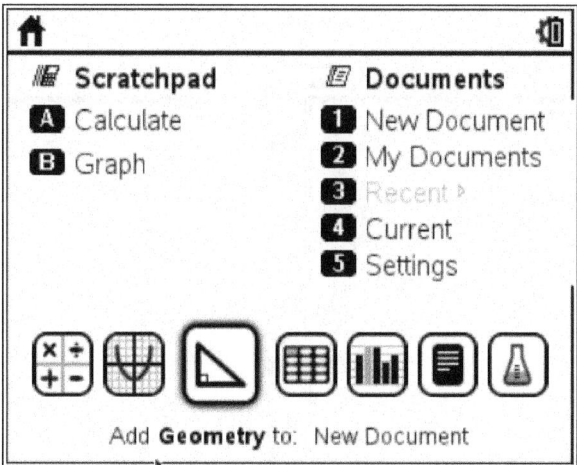

Integración de la calculadora TI-Nspire en la enseñanza de matemática

b. Presione (menu) para construir un triángulo siguiendo los pasos que se muestran.

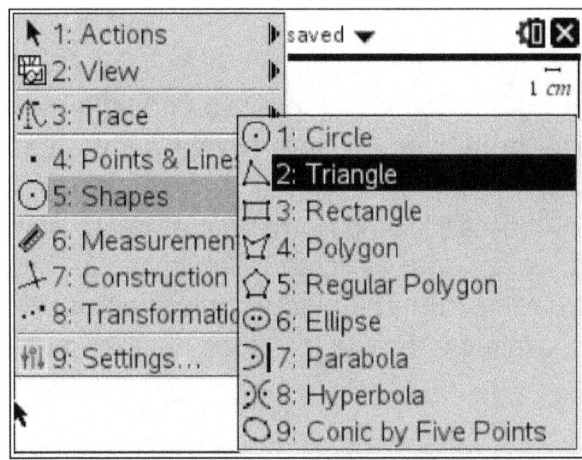

c. La herramienta para construir triángulos está activada, oprima (enter) (o el botón central del "mouse pad") para localizar el primer vértice del triángulo, luego mueva el cursor a dos lugares distintos del plano y oprima (enter), para dibujar un triángulo parecido al que se muestra. Luego, oprima (esc) para desactivar la herramienta de triángulo.

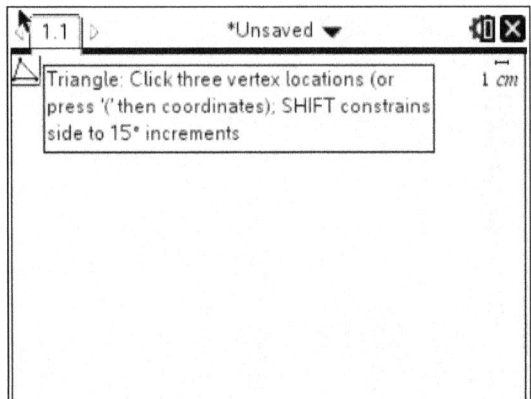
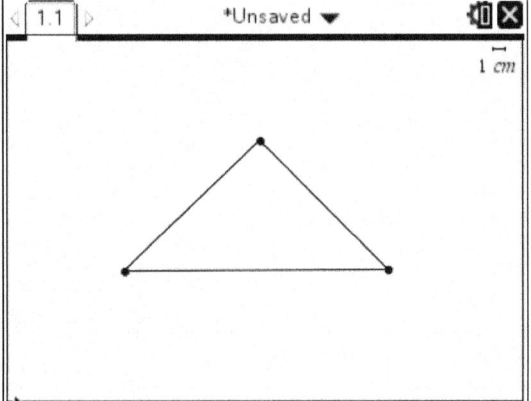

d. Asignaremos a cada vértice del triángulo una letra mayúscula para identificarlo. Para hacer esto, coloque el cursor sobre cada vértice hasta que salga las palabras: "**point tab**", presione (menu) y complete los pasos que se muestran para activar la herramienta de **Text**, identifique los tres vértices del triángulo con las letras ABC. Utilice letras mayúsculas para identificarlos, luego de escribir cada letra, oprima (enter). Cuando termine, oprima **esc** para desactivar la herramienta.

NOTA: Para activar la opción de letras mayúsculas, oprima **ctrl shift**, para acceder a **CAPS**.

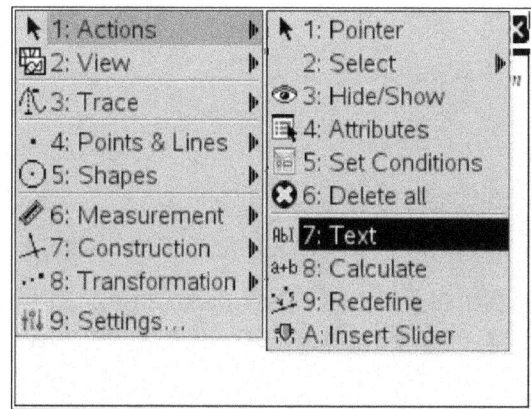 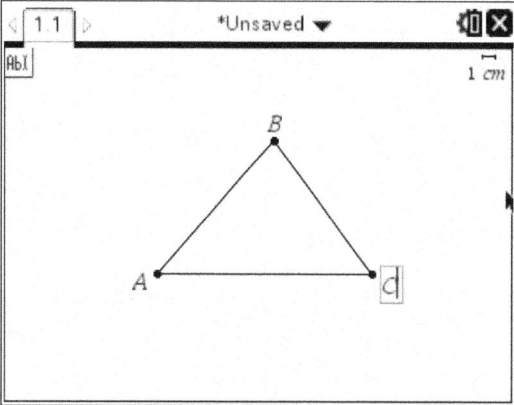

e. Construiremos un punto D que esté **sobre el lado AB del triángulo ABC**. Coloque el cursor sobre el lado AB (todo el perímetro del triángulo se resaltará), oprima menú y siga los pasos que se muestran a continuación.

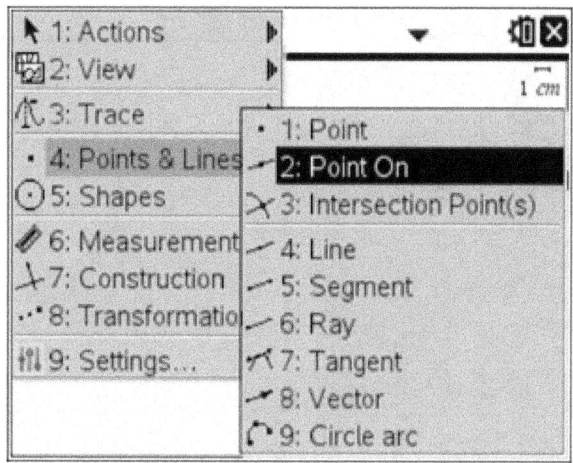

Es importante recordar que necesitamos oprimir TAB para seleccionar el segmento AB, que es donde localizaremos el punto D. Sino, estará seleccionando todo el perímetro del triángulo, que NO es lo que necesitamos en este momento. Recuerde rotular ese punto como D.

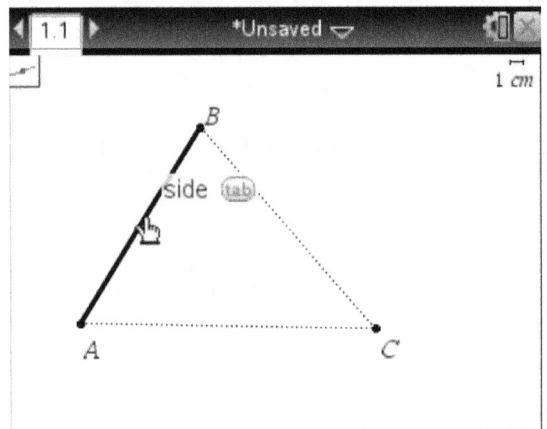 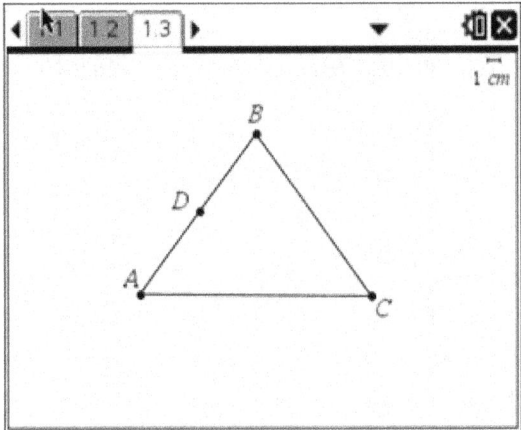

f. Construiremos una recta paralela al lado AC que pase por el punto D. Oprima menú y siga los pasos que se muestran en las siguientes figuras.

NOTA: Cuando seleccione 2: **Parallel**, "toque" el segmento AC, para indicarle a la calculadora que el segmento que trazará será paralelo a este, oprima **enter**. Luego "toque" el punto D y oprima **enter**, entonces habrá creado la recta paralela al segmento AC, la cual pasa por el punto D.

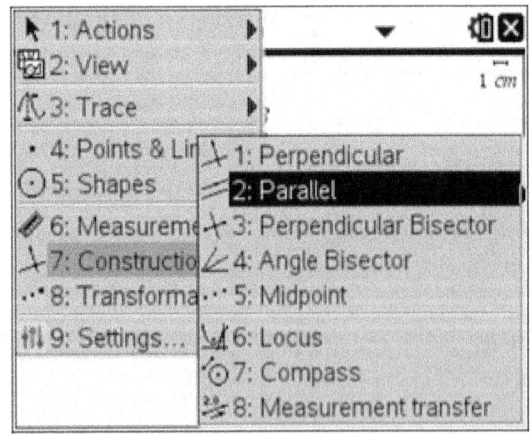 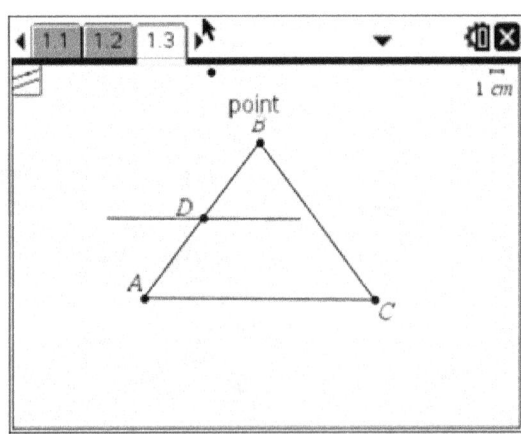

Integración de la calculadora TI-Nspire en la enseñanza de matemática

NOTA: Cuando active cualquier herramienta de la calculadora, en la parte superior izquierda aparecerá un símbolo asociado a la misma, indicando que está activada. Si desea conocer los pasos para usar esta, coloque el cursor sobre el símbolo, verá una breve descripción de su uso.

g. Construiremos el punto de intersección entre la recta paralela que acabamos de construir y el lado BC del triángulo. Oprima menú y active la herramienta de punto de intersección como se muestra. "Toque" el segmento BC y luego la recta o viceversa.

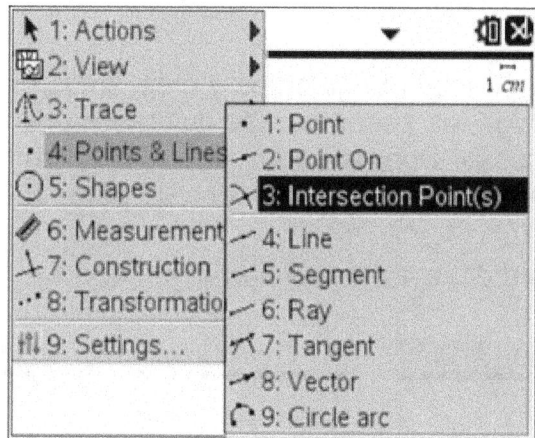
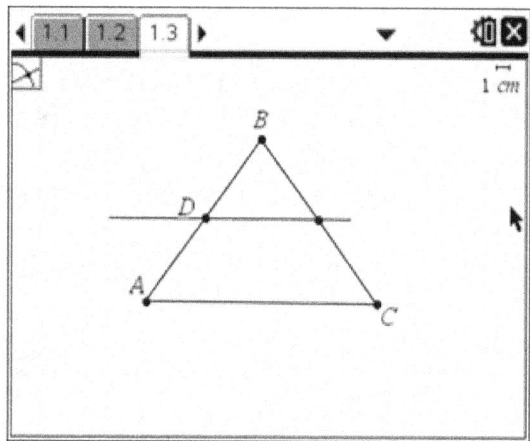

h. Llamaremos ese punto de intersección E y ocultaremos la recta paralela que acabamos de construir. Oprima **menu**, 1: **Actions**, 3: **Hide/Show**, una vez activada la herramienta, nos colocaremos sobre la recta y oprima el botón central del "mouse pad". Luego de ocultar la recta, oprima (esc) para desactivar la herramienta.

Integración de la calculadora TI-Nspire en la enseñanza de matemática

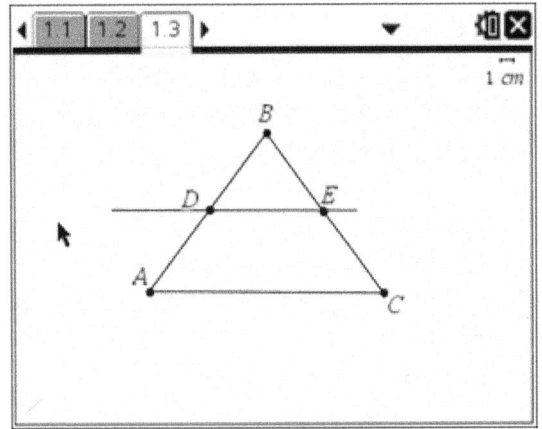 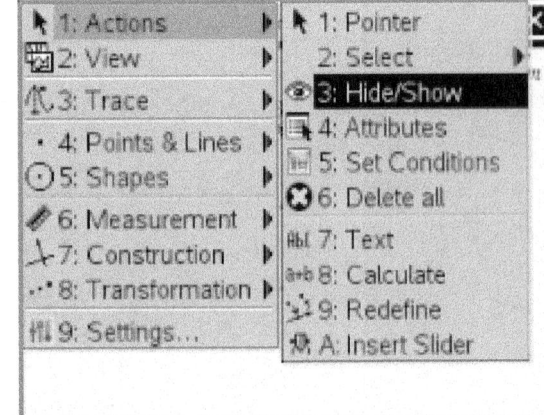

i. Activaremos la herramienta de construir segmentos y crearemos el segmento DE. Oprima **menu** y siga los pasos que se ilustran en las figuras siguientes para este propósito. Oprima **enter** cuando el cursor esté sobre el punto D y posteriormente, cuando esté sobre el punto E. Cuando lo haga, oprima (esc) para desactivar esta herramienta.

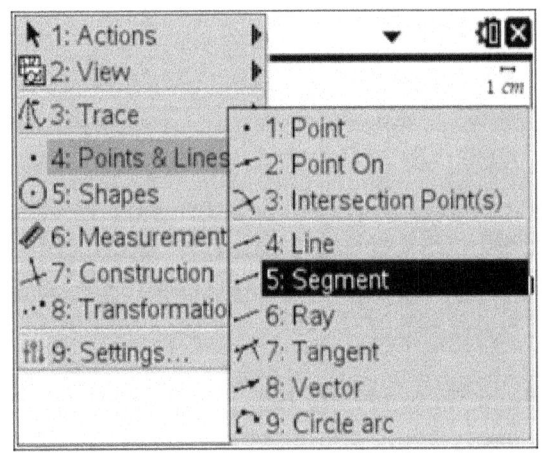 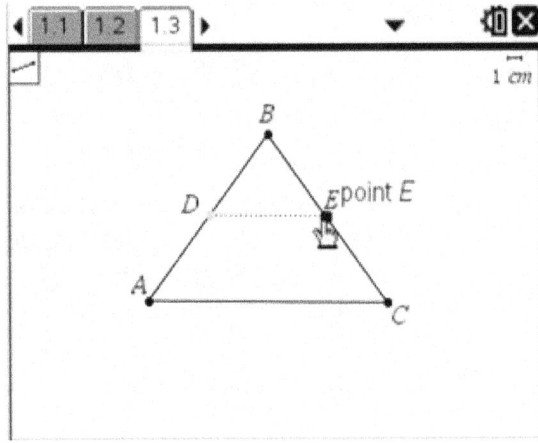

j. Mediremos los segmentos AD, DB, BE y EC. Utilizaremos la herramienta de **Measurement y Length** (**menu**: #6: **Measurement**, #1: **Length**) y oprima (enter) en cada punto para obtener estas medidas. Recuerde colocar estas al lado de cada segmento. Luego de concluir este proceso, oprima (esc) para desactivar la herramienta de medida.

94

Integración de la calculadora TI-Nspire en la enseñanza de matemática

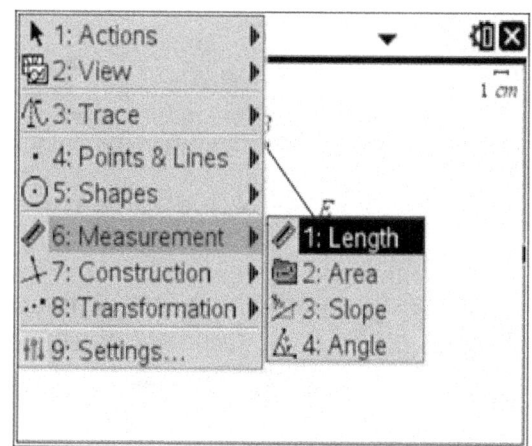 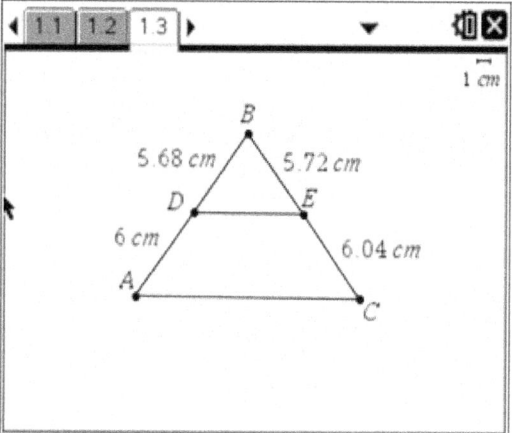

NOTA: Las medidas mostradas en la figura anterior, no necesariamente serán las mismas obtenidas por el lector.

k. Formaremos razones usando las medidas de $\overline{BD}$, $\overline{DA}$, $\overline{BE}$ y $\overline{EC}$, esto permitirá investigar la relación entre los cocientes $\dfrac{BD}{DA}$ y $\dfrac{BE}{EC}$. Presione (menu) y complete los pasos que se muestran para activar la herramienta de **Text**, presione (enter) en cualquier lugar del plano y cree una caja de texto, por último escriba las fracciones $\dfrac{a}{b}$ y $\dfrac{c}{d}$. Oprima (esc) al concluir.

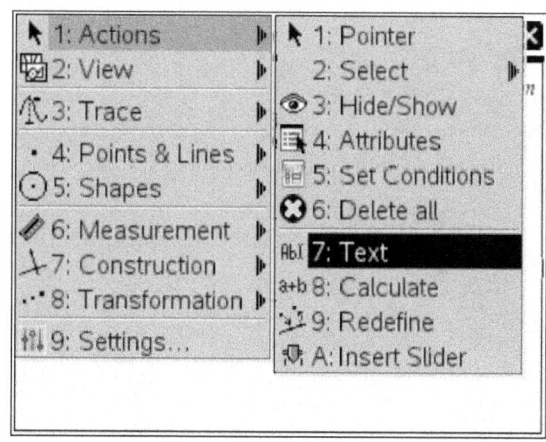 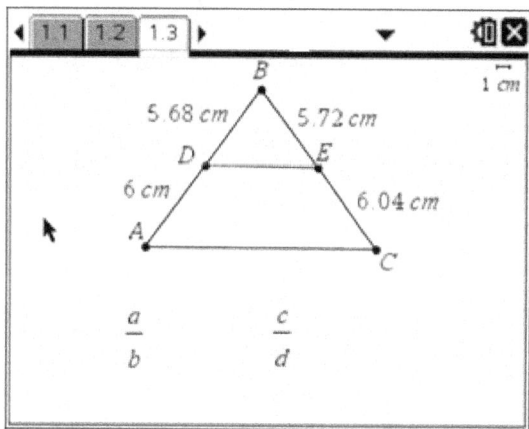

95

l. Calcularemos los cocientes $\frac{a}{b}=\frac{BD}{DA}$ y $\frac{c}{d}=\frac{BE}{EC}$. Presione (menu) y complete los pasos que se muestran para activar la herramienta de **Calculate**. Presione (enter) sobre la fracción $\frac{a}{b}$ y luego sobre las medidas de $\overline{BD}$ y $\overline{DA}$ respectivamente para indicarle a la calculadora el numerador y denominador de la razón que desea determinar. Coloque ese valor numérico cerca de $\frac{a}{b}$ presionando (enter). Repita este proceso para calcular el valor de la expresión $\frac{c}{d}$.

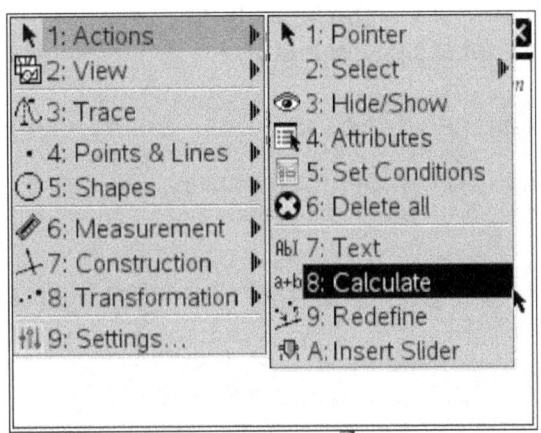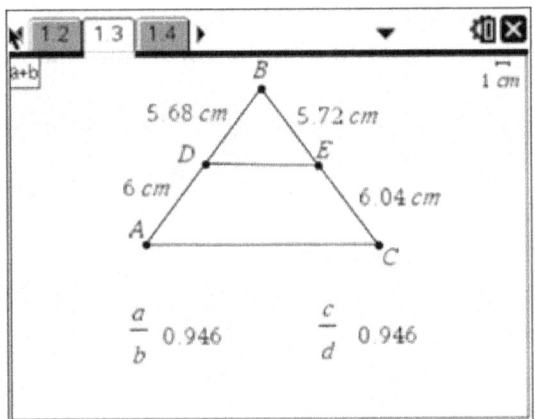

m. Oprima (esc) para desactivar la herramienta de **Calculate**. Ahora arrastraremos el punto D por el segmento $\overline{AB}$ moviendo el mismo en distintos lugares geométricos a través de $\overline{AB}$.

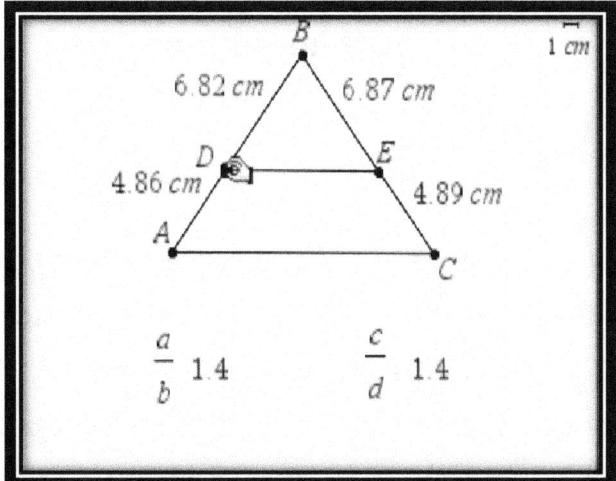

n. Use la construcción geométrica que acaba de realizar en esta actividad, para contestar las siguientes preguntas:

a. ¿Cómo definimos una igualdad entre dos razones?

b. ¿Qué relación existe entre los cocientes $\dfrac{BD}{DA}$ y $\dfrac{BE}{EC}$ representados respectivamente por las fracciones $\dfrac{a}{b}$ y $\dfrac{c}{d}$ en la calculadora?

c. ¿Cómo comparan las longitudes de los segmentos $\overline{BD}$ y $\overline{DA}$ y las longitudes de $\overline{BE}$ y $\overline{EC}$ cuando los cocientes $\dfrac{BD}{DA}$ y $\dfrac{BE}{EC}$ tienen un valor de 1?

d. ¿Qué cambio experimentan los cocientes $\dfrac{BD}{DA}$ y $\dfrac{BE}{EC}$ si cambiamos las dimensiones del triángulo ABC por el punto C?

Comentario final: Un caso particular de lo observado en esta actividad, sucede si el punto D está en el punto medio del segmento AB y si el punto E está en el punto medio del segmento BC. Este es el Teorema de la Paralela Media.

Sobre los autores

Dr. Jaime W. Abreu Ramos

El profesor Jaime W. Abreu Ramos posee un doctorado en Currículo y Enseñanza en el área de Matemáticas, ha sido maestro de esta disciplina en la Escuela Secundaria de la Universidad de Puerto Rico, Recinto de Río Piedras desde el año 1997 al presente. Este educador recibió, en el año 2012, de parte del Presidente Barack H. Obama el Premio Presidencial a la Excelencia en la Enseñanza de Matemáticas y Ciencias (PAEMST, por sus siglas en inglés). El premio representa el más alto honor que un maestro de matemáticas y ciencias pueda recibir por impactar en forma positiva la educación matemática y científica. Entre sus aportaciones más significativas a mejorar la enseñanza de las matemáticas destaca formar parte del primer proyecto Maestro Máster de Matemáticas en Puerto Rico, financiado por el programa Robert Noyce de la Fundación Nacional de Ciencias (NSF, por sus siglas en inglés). La iniciativa capacitó en contenido matemático, metodológico, uso de calculadoras gráficas y estrategias de investigación a maestros del Departamento de Educación de Puerto Rico.

Resalta el profesor Jaime Abreu como usuario de la tecnología en su sala de clases y además como consultor educativo de varias instituciones dedicadas a mejorar la enseñanza en Puerto Rico. En particular, ofrece adiestramientos y capacitación a maestros en la creación de contenido utilizando distintos programados, entre los que destaca SMART Notebook™, TI-Nspire™, The Geometer's Sketchpad™ y ExamView Text Builder™.

Dra. Wanda Villafañe Cepeda

La profesora Wanda Villafañe Cepeda posee un doctorado en Currículo y Enseñanza en el área de Matemáticas. Enseña cursos de esta disciplina y de enseñanza de la misma en la Universidad de Puerto Rico, Recinto de Río Piedras. Posee vasta experiencia docente, ofrece talleres de desarrollo profesional a maestros de matemáticas en los niveles elemental, intermedio y superior. Algunos de los temas trabajados en sus talleres son: integración de manipulativos (presenciales y virtuales) en la enseñanza de matemáticas, uso de la calculadora (básica, intermedia, gráfica) en la enseñanza de esta disciplina, estrategias para enseñar matemáticas, entre otros.

Algunas de sus publicaciones son sobre los siguientes temas: la integración de manipulativos en la enseñanza de matemáticas, errores cometidos por los estudiantes al resolver problemas matemáticos, creencias de los candidatos a maestros sobre la solución de problemas en matemáticas. Ha realizado investigaciones relacionadas con solución de problemas, integración de diversas metodologías de enseñanza, entre otros temas.

Referencias

Albornoz, J. M. (2001). *Generadores de números pseudo aleatorios acoplados y sus aplicaciones en criptografía*. Disertación doctoral, Universidad de los Andes, Mérida, Venezuela.

Departamento de Educación de Puerto Rico (2000). *Programa de Matemáticas: Estándares.* San Juan, PR: Autor.

Depeau, E. A., y Kalder, R. S. (2010, Nov). Using dynamic technology to present content through multiple representations. *Mathematics Teacher, 104,* 269 – 273.

Larson, R., Boswell L., Kanold, T., & Stiff, L. (2007). *Algebra 1.* USA: McDougal Littell, Houghton Mifflin Harcourt Publishing Company. McDougal Littell Classzone.

Larson, R., Boswell L., Kanold, T., & Stiff, L. (2007). *Geometry: 6.6 Investigate Proportionality* (pp. 396). Illinois, USA: McDougal Littell. Houghton Mifflin Harcourt Publishing Company (2011). McDougal Littell Classzone.

Macks, J. (2013, Aug). The dog pen problem. *Mathematics Teacher,* 107, 80.

Rudolph, H. J. (2009). Simulation with the TI-Nspire. *Mathematics Teacher,* 103, 372 - 375.

Sánchez, J. (2001). *Geometría.* San Juan: Dreyfous & Assoc.

Zhonghong, J. & O'Brien, G. (2012). Multiple proof approaches and mathematical connections. *Mathematics Teacher,* 105, 586 - 593.

Direcciones electrónicas

http://www.atomiclearning.com/k12/ti_nspire_es

www.education.ti.com